経営を
引き受ける覚悟

株式会社スマートバリュー
代表取締役社長
渋谷 順 著

同友館

はじめに

1982年4月1日　私の社会人人生がスタートした。

大学受験に失敗し、浪人か就職かもハッキリせずに、まぁなるようになるか…くらいのお気楽な私に、「成人して働かざるもの食うべからず！」と、強引に父親が当時経営していた町工場の取引先会社への入社を決めてきた。それから12年後には死去する父親にとって、姉、兄と比べて勉強もしないし、自由奔放で放浪癖のあるバカな末っ子には、情けない気持ちでイッパイだったろうなぁ…

私には幼少の頃から常に劣等感がつきまとっている。劣等感もここまでくれば大したもので、それを内面に保持したまま、うまく振る舞う術も身につけきた（笑）しかし、最後の最後の勝負どころでは、自信の無さが顔を覗かせる。それが故に、失敗したこと数限りなく…私自身の人生は、常に内面にある劣等感との戦いであったようにも思う。

社会人になって30年。オーナー経営者となってからは約15年。

自分の内面にある劣等感との戦いが、いつしか経営者としての責任との戦いに変わってきたが、実際には自信の無さや覚悟の無さから、事業の失敗も大小取り混ぜて多数アリ（笑）

自分が弱くて自信が無ければ、経営者としての責任は果たせない。

自分の弱さが、守りたいと思っている大切な人たち、愛する人たちすら守れないことにもなってしまう。いや守れないどころか、迷惑すらかけてしまう。そしてもっと広義に、この幸せな社会の歯車の一つとして、責任を果たしたいとも思う。そのためには、自らの弱さに打ち勝つしかなくて、その過程を成長と呼べるんだと思っている。


私自身は、その後1987年、24歳で二代目経営者である父親が経営していた町工場に入社することになり、まぁ自分に意志はほとんどなく（笑）いわゆる三代目として敷かれたレールに乗ることになった。当然意志も覚悟もなかったわけだから、当時の仕事ぶりは酷いもの。何の気づきも無く、昨今の同世代の若者と比較しても、全くもっていい加減だった。弱い自分の内面に触れることもなく、上っ面だけで適当な仕事をしていたように思う。

そんな折、私が30歳の時に父親が急逝。父親から引き継いだ頃の町工場は、債務超過の状態で借金の山。財務諸表すらみせてもらってなかった私は、そんなことも亡くなってから初めて知ったという有り様。

そこからの20年弱は、もう苦難の連続（笑）ちょうど、以前からの関係性でその頃発売され始めた携帯電話の販売事業に乗り出せたのは、本当に運が良かった。しかし、その他のインターネット関連事業などは、もう当初はボロボロの状態。まぁそれでも、弱くて、社会知らずで、能力も無い自分が、弱さに打ち勝とうと前向きに素直にやってきたことだけは確か。

その結果、ようやく21世紀に入って少し経った頃から小さな成果が出始めた。そして2012年、父親が亡くなった頃のことを思えば、何とか会社は成長して、社員数25名の町工場が、250名の規模にまで漕ぎ着けた。

しかし！

ここ最近を振り返ってみれば、まだまだ成長途上にあることはどう客観的に見ても明らかなのに、ほんの小さな成功によって、ほんの小さなプライドによって、劣等感に打ち勝とうと素直に努力し続けた自分本来の姿勢を忘れかけていないか…

確かに、自分の内面にある劣等感との戦いから、立場が経営者となったことで、より素直さを堅持することの難度が上がった責任との戦いに変わってはきたが、それでも本質は同じである。

「オレはこれだけやっているのに！」「オレはオーナー経営者だ！自分の好きなようにやって何が悪い！」とか、最悪なのは「自分は個人保証までやっているのに…」などと、冷静に考えればありえない我欲や身勝手が心のどこかに芽吹き始めていないか…

本書は、会社規模の大小やベンチャー精神の有無に関わらず、私のつたない経験からではあるが、会社経営者を引き受ける覚悟を記したつもりだ。

オーナー経営者の志とも言える。

そしてそれは、自分自身の内面への戒めとしての意味も持っている。

オーナー経営者に対して、怒ってくれるヒトは少ない。なので、自らが身勝手な解釈をし、他責にした上で、理不尽に自身を肯定するような、原理原則から外れた経営者にならないように、常に戒める必要がある。

私自身、出版と言う形で残すことによって、より退路を断ち、言い訳のできない環境に自らを追い込む仕組みとなれば思っている。

思い返せば、私が働き始めた昭和の時代はまだまだほのぼのしていた。

ノスタルジーと言えば、そうなのかも知れないが、この30年で環境は大きく変化し、安定と思われたものが音を立てて崩れ去った時代でもある。

こんな不確実な時代だからこそ、いや…これから迫り来る更なる厳しい時代だからこそ、本書を記したいと強く思った。

本書の中で、先輩経営者をはじめ読者の皆様に対して、大変失礼で生意気な言い回しが多数あることを、まずはお詫びを申し上げます。

しかし、同じ立場の私自身の内面への働きかけであることを考慮し、ぜひ寛大な心で読み進めていただければ幸いです。

なお、本書では私が過去7年間に渡って書き綴り公開しているブログ記事をところどころに挿入していますので、時代背景も含めて参考にしていただければと思っています。

多くの皆様のお力添えで本書を執筆する機会を頂けたことに感謝申し上げると共に、本書が私自身も含めたオーナー経営者、さらにこれから事業を創出しようとするすべてのアントレプレナーに対して、ほんのわずかでも参考になることを願っております。

そして、今まで一番辛い想いをして、一番迷惑をかけた実母に本書を捧げたいと思います。

2012年　秋

目次

第1章

既得権益からの脱却

1．大手メーカの代理店権を失い、商品が一点在庫の山に

わが国のバブル経済が崩壊し、後に「失われた10年」と言われた時代の話である。

私たちは大手自動車部品メーカーの国内代理店として、既得権益の中で自社を経由して補修品市場に対して部品を納入していた。

「部品メーカーのサービス向上を担っている」と自負し、win-winと信じてがんばっていた。

また、補修品という性格からも、サービス向上のために即納率アップを意識し、在庫品揃えを増やし、負担を負担とも思わずに部品メーカーに成り代わってサービスを提供することにプライドを持っていた。

まるで、この取引が永遠に続くかのような幻想を抱いて…。

それでも、「既得権益を約束しているんだから少しくらいの営業協力をしなさい！」という部品メーカーの要求を受けて、〝オリジナル拡販商材〟などと一般的に言われる、本業とはあまり関係のないような商品の引取りをときに強要されたりもしていた。

たしか、電動自転車とか浄水器とか、衣料品とか、そんなものも強制的に仕入れなければ

ばならなかったように記憶している。

しかしそれでもまだ、社員数30名程度の町工場であった私たちの会社が、東証一部上場企業である部品メーカーの、国内アフターマーケットにおいてのサプライチェーンの一部を担わせていただいているという感謝と、私たちの会社規模としてはありがたい売上高と約束された利益率を享受させていただいていることから、不平はあってもそれは笑顔で言える程度のものであり、実態的、構造的な不満や課題というものではなかった。

また、当社を担当する部品メーカーの社員の皆さんともそれなりに人間関係ができており、ああだこうだと役割と責任範囲の中で交渉はしても、それは一定の枠組みの中での幸せな議論であった。

私たちは、この代理店業務に10名程度が携わっていたので、この事業が無くなればたちまち彼らの雇用が守れなくなるわけだが、そんな危機感を想像してもリアリティを持った話とは全く感じられなかった。

ある意味、古き良き昭和の香りの残る、事業スキームとそれにまつわる関係性である。

ところが１９９０年代初頭、この関係性に大きな変革が訪れる。

その部品メーカーに海外資本が入り、別の部品メーカーとの合併なども行われ、大きく企業統治と経営方針に変化が見え始めたのである。

それでも私たちは、経済紙に踊るそんな記事を、何となく対岸の火事のような印象で捉えながら、対する支店の社員の方々と「これからどうなりますかねぇ〜」「私たちも実際どうなるか全くわからないんですよぉ〜」などとのんきな会話をしていた。

それからしばらくの間、さほど大きな転機は訪れなかったが、子会社に社員が移り始めたり、支店が辺鄙な場所に移転をしたりといったように、徐々に部品メーカーの組織に変化が見え始めた。

徐々に厳しくなる取引形態の中で、さらに子会社などから本業とは関係のない商品の引取り要求がエスカレートしていった。

「既得権益としての代理店業務をやらせているんだから、この程度の協力はしてもらわないと困りますなぁ〜」なんて、まるでテレビドラマに出てくる悪徳企業の風。

もはやそこには商売道徳、モラル、仁義などというものは存在せず、win-winや信頼などという大手企業側からの身勝手な論理において、売れるアテもない商品を押し付けられるばかり。

外資企業となった部品メーカーの純国産社員たちは、何かに追いまくられるように、過去からの関係性のある中小企業に商品の仕入れを迫ってくる。保証金の積み増しなんていう与信対応も厳しくなっていった。

この当時に押し込まれた商品の一部は、実は未だに在庫として残っていたりもする。投売りや評価損処理なども、それ以降の事業収益性の悪化により追いつかないのだ。

もちろん、この頃には人間関係は希薄になり、古き良き時代の妄想を描いている私たちの会社も含めた中小企業だけが「なんかおかしいなぁ〜。ほんとにあの会社も変わってしまった」なんて悠長な文句を言い放っていたように思う。

本来変わらなければならないのは、自分たち自身であるのに。

それから後、私たちの会社の代理店権は1年ほどの猶予を経て完全に剥奪され、市場の大きな流れの中で、誰もそれが無くなったことすら気にもしない虫けらの死の如く市場から退場させられた。

私たちの会社に残ったものは、それで飯を食っていた従業員と、もはや供給ルートが変わってしまって売れるアテもない在庫の山だけである。

この取引が永遠に続くと考え、一生懸命に部品メーカーのサービス向上のためにと信じて疑わず、無理をして在庫をしてきた補修品が一転、不良在庫の山。

この業務の中心メンバーであった従業員は、代理店業務終了後、慣れない別の商品を中心とした取引業務に従事していたが、なかにはその後脳梗塞で倒れ、何とか復帰を果たしたものの、後は倉庫番として出荷業務に携わり定年を迎え、その後の再雇用を経てサラリーマン人生を終えた者もいる。

昭和の時代、平均年齢が30才代で、昼休みにはみんなで近くの公園でソフトボールの練習をし、年に一度のメーカー代理店が集うソフトボール大会を楽しみしていたあの頃。

先々への不安を少なからずは抱きながらも、当時の繁栄が普通だと信じて疑わず、更なる繁栄が永遠に続くと当たり前のように誰もが思っていた時代。

取引関係でも、少々の問題はあっても、とりあえず真面目にやっていれば、繋がりを継続することができ、贅沢を考えなければ誰もが小さな幸せを享受できた時代。

坂の上に雲はあると、信じて疑わなかった…

あれから、ほんの20年である。

私たちが受けた〝グローバル化のインパクト〟〝国内市場の構造改革〟〝株主至上主義〟などは、今現在もドンドン国内中小企業に襲い掛かっている。

私たちは身をもって知ることができた。大手企業との「win-win」「信頼」という言葉がいかに妄想に過ぎず、結局は自らの力量の無さゆえの勘違いであったことを。

国内においては20世紀型の事業構造が静かに、しかし確実に崩れ去っており、どれだけこの20年でパラダイムシフトが起こっているかを今一度冷静に検証せねばならない。

誰の責任でもない。

私たち自身に問題があったのだ。

虫けら同然の私たちの会社は、身をもって高度経済成長の時代の終焉と、グローバル化、事業構造の変化を知ることができたのだ。

そして結局、属人的な関係性や本質的な付加価値の無い商取引は、いずれ消え去る運命であると知ることになった。

弱ければ誰も救えない、誰も幸せにできないということと。

2. 規制緩和により既得権益事業がジリ貧、第2創業へ

私の知人の会社の話である。

その会社は創業62年の酒の卸売、小売を手がけるオーナー経営の中小企業。

中小企業といっても、古くから既得権益に守られてきたこともあり、地域における権益を有したことから、年商100億円弱程度を叩き出せている。

ご存知の通り、酒販業界は20世紀の守られた市場＝既得権益から、2001年には規制緩和により距離基準廃止、2003年には人口基準廃止、そして2006年完全自由化となった、規制緩和による変化を経験した典型的な業界である。

これは普段の生活でも感じられるものであり、昭和の時代は地域の酒屋さんが重たいビールを宅配していた。いわゆる三河屋さんの時代である（笑）。

20世紀後半には、セルフサービス・お持ち帰りによる低価格販売を実現した、ディスカウントストアが出現。

これにより業界全体の利益率が低下し、徐々に市場が価格を決める形に移行するようになってきた。

21世紀になると、酒類の販売はディスカウントストアからスーパー、コンビニエンスストアへのシフトがじりじり起こっており、市場オリエンテッドの大きな波が、完全自由化と共に押し寄せ大競争時代に突入している。

利益度外視の販売合戦、お客様への価値（＝価格・利便性・品揃え…）提供合戦が繰り広げられ、規模が欲しい各メーカーは、値引きやリベート提供によるシェア争いに躍起だ。

権益の中での町の酒屋さんのビジネスから、ディスカウントストア、そして低価格と品揃え、利便性まで含めトータルに顧客価値を提案できるスーパーやコンビニエンスストアへと、商流は市場環境の変化に呼応して多様に、かつ激しく変化していく。

まさに殴り合い。

21世紀を迎えようとしている頃の酒屋さん曰く、

「ディスカウントストアの売り方で商売が長続きするはずもない。資金がどこかでショートするはずだ！」

と、今思えば傷の舐め合いのような、客観性に乏しい自己を正当化する議論を展開していた。

長期にわたって既得権益に守られてきた業界では、自己変革の意識は皆無といってよい。

酒屋さんの経営はドンドン厳しくなるが、それでも店主たちの意識は変わらない…いや変われないのである。

既得権益に守られて、変化しなくても生きていけるということが、知らず知らずのうちに自身を、自社を蝕んでいたのである。

一所に留まって澱んでしまった水を、きれいな水に戻すことは簡単なことではない。水は流れているからこそ、きれいでいられるのだ。

そんな環境下、私の知人の会社も、20世紀終盤から規模合戦により増収は遂げているが、減益傾向に歯止めがかからない。

既得権益により自己変革できない酒屋さんの店主たちの姿、増収減益傾向の自社、完全自由化へ加速する市場、20世紀に活躍した社員の高齢化と活気の無さ…。

若くして社長を引き継いだ彼は、「自分たちで自分たちのこれからの市場を切り開かなければならない!」という、当たり前のように聞こえるが、実はとても難しいことを、時間をかけてでもやり切る覚悟を持つに至る。

既得権益事業としての柱である酒卸売業を根幹としながらも、付加価値を創出できる事業には何でもトライする! と決断したのだ。

事業領域は堅持しつつ、環境の変化に対応したポートフォリオをしっかり描くと方針を示したのだ。

利幅がドンドン薄くなる卸売業よりも、収益性に優れた事業を可能な限り掘り起こし始めたのだ。

もちろん、既存の資源を感謝の中で活用しながら。

彼が真っ先に取り組んだのが、自動販売機事業である。

マルチベンダーとして多様な商品の仕入れルートを保有していることを活かし、お客様のニーズに合った商品を提供する自販機。

あの手この手で設置場所を確保し、3年目で年商4億円まで育ててきた。

手っ取り早く既存の資源を活かすことができる事業ではあるが、それでも既得権益に守られ、卸売業という形態で小売業（酒屋さん）との関係性の中では、なかなか大々的に踏み出しにくい分野であろう。しかし、既存業態とのバランスを保持しつつ、新たな枠組みを構築し成果を出すことは、持続可能なイノベーションの大原則でもある。

そして次に、オフィスへの直接営業形態の事業に取り組んだ。

いわゆる「オフィス・グリコ」のような、オフィス向けの飲食物の宅配モデルである。

もともと既得権益の中では地域性のある事業であったことから、同じ地域のオフィスを徹底して巡回し、新規開拓に注力している。

さらにネットショップにも乗り出し、ワインを中心に直接個人への販売を手がけ、更にリアルなアンテナショップという形態での小売業、高齢会社会に向けた「御用聞き宅配モデル」も構築している。

彼はほぼ10年かけて、徐々に変革を進めているようだ。

5年前から新卒採用も開始し、組織も活性化し始めた。

新規事業の企画などを通して、「こなし業務」↓「自ら考え発意し行動する業務」に変化し始めている。

既得権益事業からの脱却において、最も重要なのは「人財と組織」である。

人財が育ち始め、組織に活気が戻り、良い社風が根付き始めたことで、彼はようやく準備が整ってきた手応えを感じていると語った。

「会社の将来に向けて発展性のある仕事を理解しながら取り組み、会社と個人ともに成長してもらいたい」と続けた。

既得権益に守られ、流れを止めていた自社を客観的に検証し、市場を俯瞰したうえで、彼は「古くからいる自分より年配の社員も養わないといけない。その社員には家族もいる。雇用を守り続けなければならない義務が私にはある」と、当たり前のことを当たり前に、しかしリアルに語り、そしてそれを実行に移した。

口先だけなら誰でもきれい事を言えるが、そうではない。

魂を込めて語り、そして実現していくのだ。

彼は、この10年間毎朝７時には出社し、社員の日報の確認、売上進捗確認、売掛金管理、そして社内のコミュニケーションと情報共有を強く意識してきた。

その結果、自然と営業部隊を中心に、皆が同じ時間に出社し、社長と仕事を通じて思想を語り合うようになったという。

仕事の内容ではない。思想がモチベーションの源泉なのだ。

思想一つで人の気持ちは必ず変わる。

そのためには10年かけてでも、魂を込めて変革を進めなければならない。

彼は言った。

「戦後、昭和24年より免許に守られた既得権益事業を行ってきた。特約店制度によって各メーカーから〝直接〟仕入れることができた。そして長きにわたって地域で商売してきたことにより『信用』を得ることもできた。そういった過去の資源には本当に感謝している。その資源を軸に、完全自由化となった21世紀には新たな付加価値事業を創出するために、私たちの第2創業がスタートした！」

3. 覚悟のない事業は失敗続き、すべては実力の世界

再び私たちの会社の話である。

既得権益である代理店業務の契約が解消され、同時に創業の事業における国内市場の構造改革や縮小により、同業者も倒産や廃業が後を絶たなくなってきた１９９６年。

私たちは、すでに展開していた携帯電話事業とともに21世紀への期待を込めてＩＴ関連の事業会社を立ち上げた。

今思えば若気の至りに他ならないが、新たな市場、新たな思想、新たな付加価値を求めて、準備もそこそこに会社を新設したのだ。

さすがに、戦後すぐから長く市場に関わってきている領域では、なんだかんだ言っても関係性によって助けられることもあったが（足を引っ張られることもあるが…）、まるっきりゼロからスタートした事業がそんなにすぐ軌道に乗るわけもない。

事業の構造を１８０度変えたり、新規に立ち上げたりしてすぐに軌道に乗せるなんて話は、私の知る限り１００件あって成功するのは2～3件程度だ。

しかも、その成功するための前提として、オーナー経営者自身の社会的ネットワークが

大きく多様であることが求められるのだが、それすら有していなかった。

インターネットの出現によって隆盛を成したかのように見えたＩＴ業界。

ベンチャー企業もたくさん登場したが、感覚的には今なお順調に伸びている当時のベンチャー企業は数少ない。

私たちのＩＴ企業も21世紀に突入した当初からもうボロボロ…。

私自身のレベルの低さが大きかったと思うが、甘え、勘違い、覚悟の無さ、関係性の無さ、能力の低さ…どれを取ってもうまくいくスキームではなかった。

また、〝ＩＴバブル〟なんて言われた時期でもあったが、力の無いベンチャー企業が何社集ったところでうまくいくわけもない。

皆が、自分たちに力が無いことを補うために、みんなで力を合わせれば！　と思っているわけで、そんなに虫のいい話があるはずもない。

相乗効果なんて、結局のところ力のあるものが集まらなければ、絶対に生まれない。

私たちには20世紀型の既得権益による事業体質や思想が染み付いていたのである。

他責にしようとしたり、寄りかかろうとしたり…。

自分自身の二本の足でしっかり立つことができていなかったことに今頃になって気づいた。

とにかく甘かった、とにかく覚悟が無かった。

そんなオーナー経営者の下で、全くゼロからの事業が成功するはずもなく、１９９６年から２００２年頃までは、大失敗続きだった。

日本的内需型の既得権益事業でのみ20世紀を生きてきた私たちが、まるっきりオープンな市場で、丸裸の自分自身の力を試される21世紀型市場にチャレンジしたわけだから、そりゃそうだろう。

この時期、過去に経験したことがない厳しさに何度も何度も直面し、現実を知ることになった。

既存事業で関係の深かった大手企業から紹介をいただき、情報系の子会社などへ仕事の依頼に行くのだが、「それで、おたくは何が得意なの？」「おたくぐらいの会社はいくらでも頼みに来るんだから、また出直してきて」などと、ほぼ相手にされないことも多かった。

オープンな市場において丸裸で戦うには、あまりに弱すぎたのだ。

また、この間に、小さな会社だったにもかかわらず、延べで15人程度は離職している。

私に罵声を残して辞めていった社員もいた。

そりゃ、辞めていって当然だろう…。

そんなバカな目に逢うのも、すべて自分が悪いからだ。

戦後から続く20世紀型の既存事業の幹部からは「数年後にはきっと私たちの会社を救ってくれると信じてます！」とまで言われていたのに…なんて弱さだ。情けない。

そんな社員を救いたいと思っていても、オープンな市場で戦う強さを持ち得ていない。

結局は、強くなければ誰も救えないということだ。

そんなＩＴ関連事業も、２００３年頃から徐々にいろいろな方々との関係性や既存事業の資源活用もあり、良いお仕事ができるようになってきた。

少しずつ実力もついてきたし、戦略もフィットするようになってきた。

離職率は大幅に改善し、きちんと理由がある場合の離職がほとんどになった。

２００９年から始めた新卒採用では、毎年5名前後の新卒社員を採用しているが、一人の退職者も出ていない。

２０１２年、ようやくオープンな市場において一定のポジションを確立でき、良い流れで事業を拡大できている。

当時「数年後には助けてもらえると信じていますよ！」と言ってくれた幹部社員にも、〝嘘つき〟ではなくなり、少しは、恩返しができただろうか…。

事業にはゴールは無い。

勝つまで諦めなければ、決して負けることはないのだ。

15年かかって、ようやく私たちの会社の事業領域が大きく変化し始め、21世紀型知識生産が可能な業態へと踏み出せた。

20世紀型の既存事業の業界にもＩＴを活用した付加価値を提供し始め、新たなスタートも切れた。

私の場合、自分自身の力不足も大きかったが、それでも15年あれば何とかなった。

新しいオープンな市場ではすべてが実力勝負である。

他責思考なんて持っていたらたちまち市場から退場させられる。

20世紀終盤、既得権益による内需型市場が崩壊を始めた頃、どれだけ理不尽な要求に対峙しなければならなかったか。

しかし、それもすべては私たちの弱さゆえだった。

結局、寄りかかろうとする姿勢、他責思考が染み付き、私たち自身が本気で変わろうとしていなかったのだ。

そういうことが、覚悟を持って本気でドップリ取り組んだことで、ようやく理解できてきた。

私たちはようやくスタートラインに立てた。

21世紀、これからの90年を生きていける光がほんの少しだけだが見えてきた。

チャレンジして失敗して、失敗して、失敗して…

頭を打って、気づかされて、そしてチャレンジしてまた失敗して…

今現在もまだ同じようなことをやっているが、それでもチャレンジしなければ失敗すら経験できない。

失敗が無ければ気づきが生まれない。

だから私たちはまだまだ諦めない。

オーナー経営者としての覚悟を、時代が大きく動く21世紀において、正しい形で表現できるようになるまでしっかりと継続することを誓う。

ブログの渋谷

2011年6月7日

「新しい海」

〝古い船には新しい水夫が乗り込んでいくだろう。
古い船をいま動かせるのは古い水夫じゃないだろう。
なぜなら古い船も新しい船のように新しい海へ出る。
古い水夫は知っているのさ新しい海のこわさを〟
有名なイメージの詩の一節

〝新しい海〟は確かに怖い。
でも、ここへ漕ぎ出さないわけには目的地に到達しない。
たとえ古い船であったとしても。

〝新しい海〟は不安に満ち、未だ経験したことのない障害が待ち受ける。
そして、自分の限界を試される。

だけどハッキリしていることは、水が澱み、やる気の無い水夫ばかりの安全な古い海を目指しても、何も得るものはないということ。


ならば漕ぎ出そう！新しい海へ。

全力で漕ぎ出したうえでの失敗なら納得もできるが、楽な道を選んで失敗をしたら一生悔いが残る。

新しい海は、その圧倒的な自然の力が素直な心を育んでくれる。

そして、自分で少しだけ自分を褒めたくなるような、成長をもたらしてくれる。

何も見えない水平線を目指して進んでみれば、一所に留まっていれば一生見ることのできない新しい大地を踏みしめることができる。


ならば、新しい水夫は何も疑わずに、古い水夫は怖さを断ち切る勇気を持って、新しい海へ漕ぎ出すのだ。

きっと怖さは経験によって怖さでは無くなり、ワクワクのほうが少しだけ上回るようになる。

第2章

時代を正しく見る

1. 社会環境の変化～今一度現実を直視せよ！

第1章では、私や私の知人のリアルな事業の話を書いた。覚悟のないオーナー経営者の下での事業が、どれだけ悲惨かということも。第2章以降では、この覚悟について、具体的な検証や考え方を、一つずつ記していきたいと思う。

まずここでは、基礎データを活用しながらわが国の社会環境について客観的に確認しようと思う。社会は絶えず変化しており、企業はその変化に対応していくために適切な舵取りが必要になる。

ダーウィンの進化論ではないが、強いもの・大きいもの・頭の良いものが生き残るのではない。変化できるものが生き残るのだ。

まずは、「社会の変化」をしっかりと頭に叩き込み、オーナー経営者としての覚悟と態度に深みを持たせたうえで、具体的な行動を起こすべきである。

また、いくら社会の役割を理解しそれに向けて真摯に努力する気概を持っていても、社会環境を読み違えれば、事業を継続させていくことも難しくなる。

そういう意味でも、感覚的に理解していることではあるが、ここで今一度時代の変化を検証してみたいと思う。

具体的には、仮に現在のオーナー経営者が二代目、三代目であれば、その先代、先々代社長らが今日の礎を築き上げてきた１９９０年までの高度経済成長期とその社会環境、及びその後の20年の状況、そしてこれからの40年で想定される環境の変化について確認していく。

図１は超長期のわが国の人口推移の推計である。

横軸を２００年単位とした２０００年スパンでの人口変動を見ると、明治維新からのわずか１４０

図１　わが国人口の超長期推移

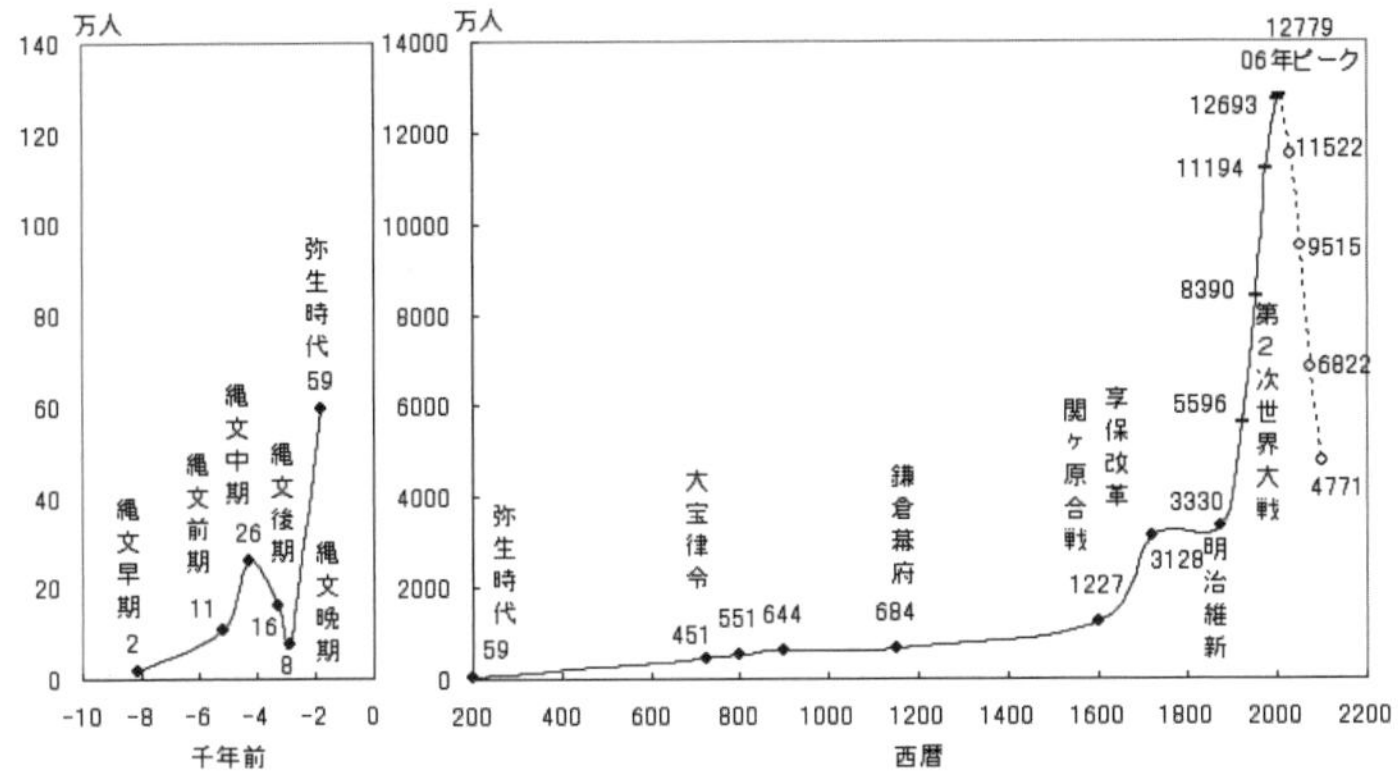

（資料）

明治維新までは鬼頭宏「人口から読む日本の歴史」（2000）（″・″）

1920年、50年、75年、2000年は総務省「国勢調査」、2006年は総務省「推計人口」、（″－″）

2030年、2050年、2075年、2100年は国立社会保障・人口問題研究所「日本の将来推計人口（2006年12月推計）」の出生中位（死亡中位）推計（″-o-″）

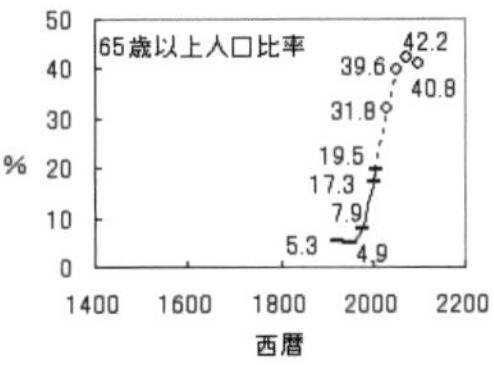

年で、過去の常識を覆し、爆発的に人口が増加したことがわかる。過去の人口データはあくまでも推計であるが、大きなトレンドとしてはどのように推移してきているのか、概ねイメージできる。ご存知のように、わが国は明治維新後の殖産興業、そして戦後の高度経済成長により豊かな国に変貌を遂げた。

注目すべきは人口の異常な急増ぶりである。

国が豊かになっていく過程に合わせて日本の人口は急増し、２００６年にピークを迎えるまで、超長期スパンで見れば異常な拡大を続けたことがはっきり見て取れる。

これがわずか１４０年の間の出来事ということに驚かされる。と同時にこれから２１００年までの90年間、今度は一気に激減していくという想定…いやほぼ事実とわかっていながらも驚愕する。

国の試算によれば、わが国の総人口は、２００５年の1億2，７７７万人から長期の人口減少過程に入り、２０３０年の1億1，６６２万人を経て、２０４８年には1億人を割り込み、２０６０年には8，６７４万人になることが見込まれている（平成24年推計・出生・死亡共に中位推計）。

すなわち、私たちが当たり前だと思っている豊かで拡大を続けた日本の姿は、超長期で見れば歴史の極々短い期間の、異常値であったということである。

図2は、わが国の労働力人口の推移を示したものだ。

わが国の幼年人口、労働力人口、老年人口それぞれの割合の推移を見ると（平成18年将来推計人口：中位推計）、減少の問題ばかりでなく、人口構造そのものが大きく変化していくことがわかる。

幼年人口（0～14歳）では、2009年の1，676万人から2015年に1，500万人を割り込み、2039年に1，000万人を割って、2055年には752万人の規模になると見込まれている。

図2　わが国労働力人口の推移

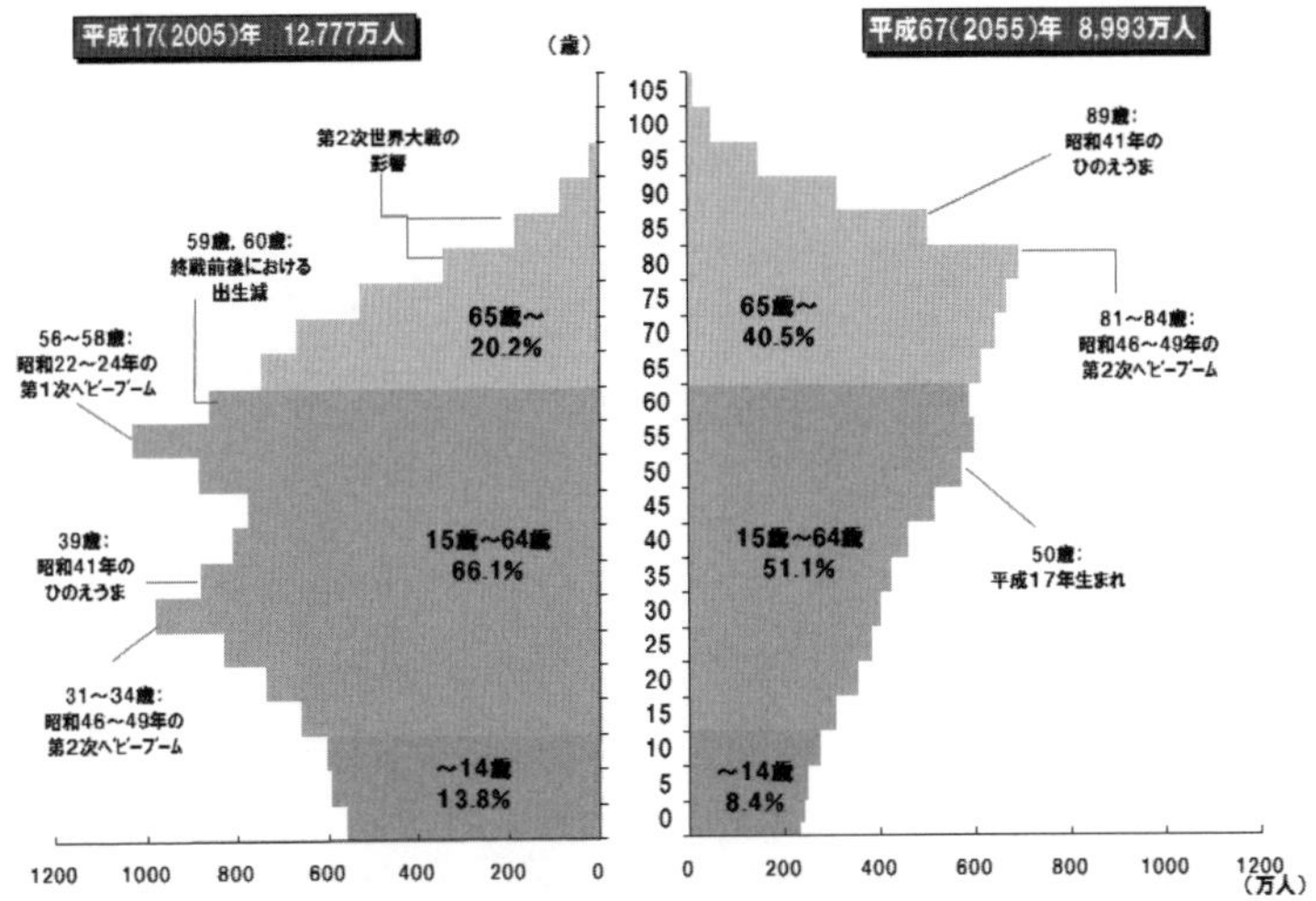

出典：総務省統計局「国勢調査報告」及び国立社会保障・人口問題研究所

2055年時点での総人口に占める割合は、わずか8・4％となる。

労働力人口（15〜64歳）はどうかというと、2009年の8，164万人から減少し続け、2055年には4，595万人と4割以上も少なくなってしまう。

2055年時点での総人口に占める割合は51・1％である。

また、老年人口（65歳以上）については、2009年の2，899万人から2012年に3，000万人を上回り、2042年に3，863万人でピークを迎える。その後は減少に転じ、2055年には3，646万人と見込まれており、総人口に占める割合は2055年には40・5％に達する。

こうした人口構造の変化は、わが国の経済に大きな影響を与えることが容易に想像できる。労働力人口は高齢化しながら減少していくので、社会保障の問題含めて、経済成長にマイナスの影響を及ぼす可能性が大である。

こうした変化の予測を受けて、国では、「中長期的な経済成長の基盤を確保するためにも、イノベーションの推進を図るとともに、若者、女性、高齢者、障害者などの働く意欲と能力を持つすべての人の労働市場への参加を実現するための仕組みづくりを強力に進めることが必要である」としている。（『平成21年版　少子化社会白書』より）

労働力の減少を多様な働き手で補い、経済成長のため、付加価値創出のためのイノベーションを推進するということだが、こんなものは提言だけで何とかなるものでもないし、今のわが国のマインドでそんな簡単にイノベーションが推進されるとも思えない。多様な働き手という意味では、否応なしに働かざるを得ないという意味で、労働力の低下に歯止めがかかる可能性はあるだろうが、焼け石に水だろう。

次にわが国の経済成長率の推移を見てみる。

一般にＧＤＰの伸び率を経済成長率と呼ぶが、図３でおわかりのように、２桁成長を続けた１９６０年代の「高度成長期」、オイルショック以降70年代後半からの「安定成長期」、バブル崩壊後の「長期低迷期」へと移り変わるにつれて、経済成長率は段階的に低下してきている。高度成長期の経済成長率は毎年10％を超えていたが、バブル期の６％台を最後に、良くても２％台、悪ければマイナス成長になっている

リーマン・ショック後の厳しく深い景気後退を経て、２００９年春頃から持ち直し局面にあったが、その後の東日本大震災やユーロ危機、アジアにおける領土問題…。

図3　わが国経済成長の推移

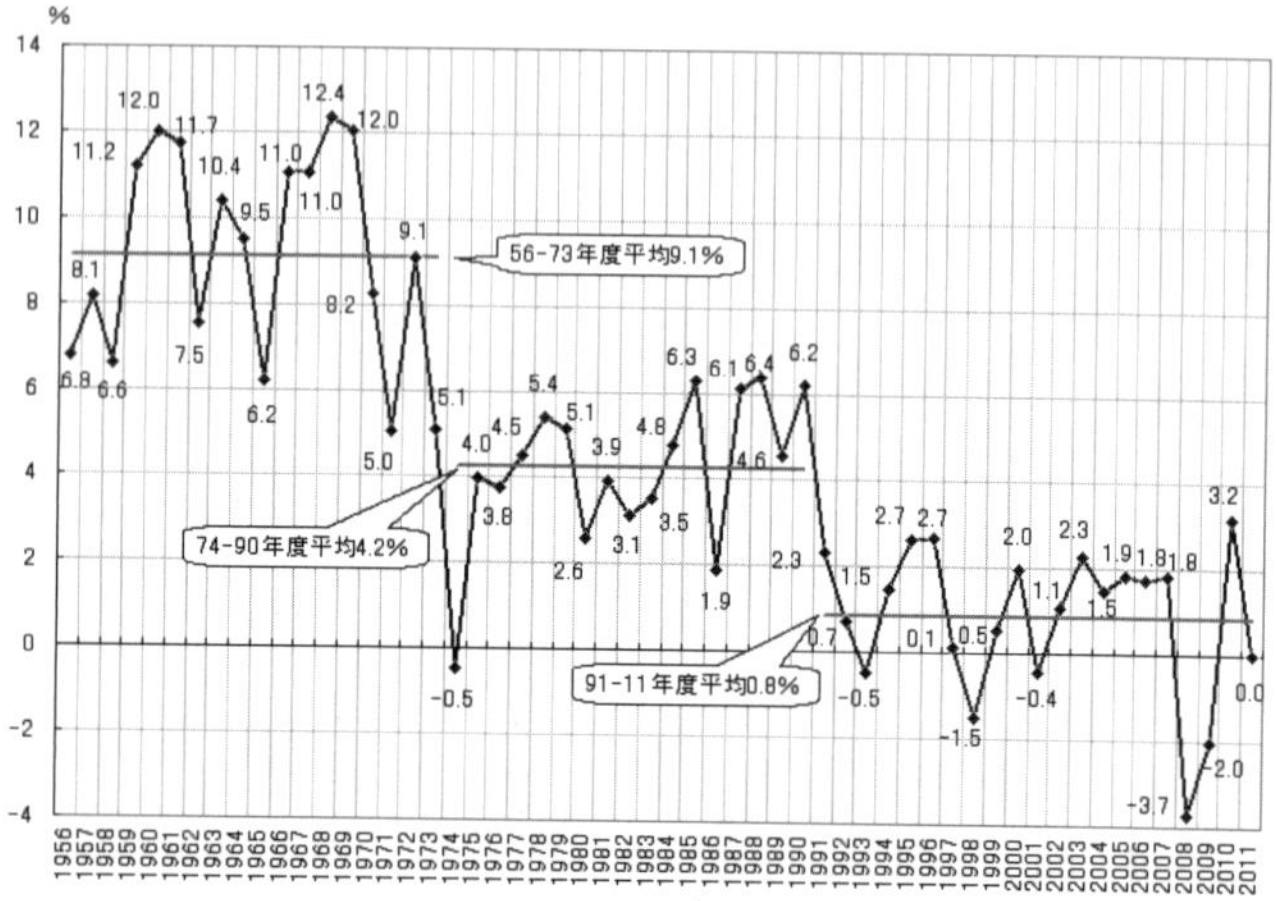

（注）年度ベース。93SNA連鎖方式推計。平均は各年度数値の単純平均。1980年度以前は「平成12年版国民経済計算年報」(63SNAベース)、1981～94年度は年報(平成21年度確報)による。それ以降は、2012年1-3月期1次速報値〈2012年5月17日公表〉。

（資料）内閣府SNAサイト

それでも、まだ持ちこたえているという感覚はあるが、これは輸出や経済対策の効果に牽引された面が依然として強く、国内民需を中心とする自律的な回復といえる状況にはまだまだ至っていないといえる。

また東日本大震災以降、一時的には復興事業などで景気が押し上げられる可能性はあるが、中期スパンでは製造業の海外シフトの加速や、政府中小企業対策の減退、法人税見直し機運の沈下と消費税増税など、あらゆる視点で特に内需での事業環境が厳しくなっていくことは明白である。

「電力不安」「円高加速」「税負担」「労

働規制」「通商政策の遅れ」「温暖化対策」「原油高」「デフレ傾向」など、あらゆる面でのネガティブ要因が今後国内の中小企業にジワリジワリと、しかし確実に押し掛かって来る。

今現在でも、景気が持ち直し局面にあるといっても、業況が好転したとする内需型の中小企業の割合は少なく、依然として厳しい状況にあるのが実態である。

２０１１年のわが国の名目ＧＤＰ総額は、４７９兆円である。

これは、１９９１～１９９２年頃の水準だ。

名目ＧＤＰは、２００７年の５１５兆円をピークに、マイナス成長を反映し減少に転じている。

結局は、結果的に人口の増減と連動しているのである。これだけイノベーションを生み出し、生産性の向上に予算も人もかけているにもかかわらず。

ちなみに、１９９１年当時と比べ、わが国の借金は3倍に膨れ上がっている。

私たちはこの事実を直視する必要がある。

そして、人口減少と高齢化、社会保障制度の機能不全、不安定な為替と円高、デフレ傾向、震災、電力供給の不安、国内産業空洞化、増税、国家の信用不安…わが国の内需型オーナー経営中小企業にとって、何かひとつでも良くなる要素はあるだろうか？

2. 市場環境の変化〜20世紀型産業構造は崩壊している!?

わが国の会社の数（個人事業主を除く）は、1996年に約167万社であったが、2007年には約150万社にまで減少している。実際には休眠会社も増加していることから、想像以上に会社の数は減少しており、稼動している会社は今現在140万社を割り込んでいるとの所見もある。産業別の構造を見れば、工業化社会から情報化社会及び付加価値型産業への移行は、少なからず見て取れる。

しかし、例えば金融サービス先進国のセクター別GDPと比べれば、雲泥の差といえるほどに移行は緩やかではあるが。

先述の会社数の99・7%までが中小企業であり、オーナー経営者であることが多い実態を思えば、このような産業構造の変化は、ストレートにオーナー経営者に響いているはずだ。そして、グローバル化、オープン化、規制緩和、IT化による業務の効率化など、20世紀に皆が一緒に成長できた時代とは明らかに環境が変わってきていることは、誰もが知るところである。20世紀型の産業構造が徐々に崩れ去り、新たな付加価値型産業の創出が遅れていることは、次図の新規開業率からも見て取れる。

新規開業は情報通信やサービス産業などが多いのだが、廃業は主には20世紀型事業形態が多く、常に高止まりを示している。

対して開業は景気動向や政府の施策を反映した結果となっていることがわかる。

例えば、１９９４〜２００９年における、製造業の開業率は２・３５であるのに対し、廃業率は５・４６と高い値となっている。一方サービス業は、開業率４・７５で、廃業率は５・１２である。これはリーマンショックの影響力も大きく、２００６年まではならサービス業においては、開業率が上回っている。

これらは、恐らく感覚的にも、理解できるデータであろう。

私の周囲でも、高度経済成長の時代には安定的に仕事があったが、今現在では中小の内需型ものづくりやそれに付随する保守事業、コンシューマー向けサービス業、土木建設関連業などが、バタバタと廃業や倒産を余儀なくされているケースを見かける。

将来への可能性がない、跡継ぎがいない、高齢化…などでの廃業は多いが、それらのオーナー経営者は、ある意味ではギリギリ逃げ切れたともいえる。

自ら廃業を選択できるのは、20世紀の蓄えと、無理をせずに生きてきたことで債務を抱えることが無かったからだろう。

図４　開業率・廃業率の推移

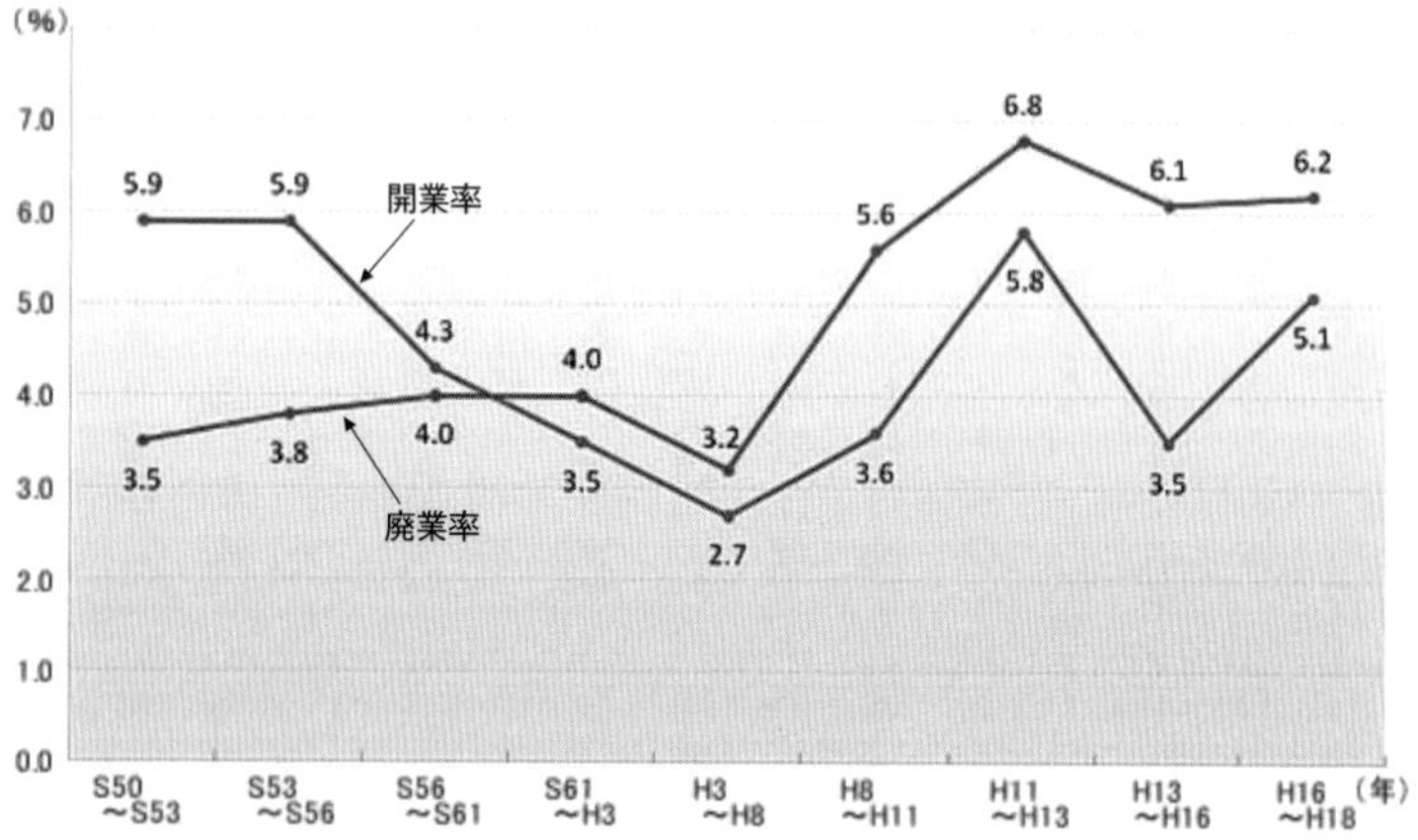

出典：２００９年中小企業白書

しかし、倒産となるとかなり壮絶である。

ギリギリまで我慢したのだろうなぁ〜と感じるケースが多い。

諦められる状況であればまだ良かったのだろうが、跡継ぎに引き継いだ後の倒産などは、将来があるからギリギリまでがんばった結果がそれだと思えば、運命的なものを感じずにはいられない。

マクロで見れば市場環境の変化は明らかだが、国内においてのみ事業を展開する多くの内需型中小企業のオーナー経営者には、その危機感が皮膚感覚でつかめないのかもしれない。

いや、わかっていても変化することができないのだ。

変化しなくても、これまでは皆と一緒のことを真面目に・無理をせずに・真摯にやり続ければ、うまくいったのだから。

3. 内需マイナス成長の時代へ～人財力で変革せよ！

前節まで見てきたように、明治維新のときにまだ3，300万人しかいなかったわが国の人口は、その後の殖産興業や高度経済成長などで一気に急増した。そして2006年のピークから一転、何らかの政府の支援策が打ち出されない限りは一気に落ち込んでいく。

人口の推移と内需における消費の部分はかなりリンクしているので、今後国内消費の落ち込みは明白である。

またこの先、生産年齢人口の減少に伴い、当然税収も落ち込んでいくだろう。

そして、3・11東日本大震災後のわが国のネガティブ要因は、例えば電力不足等という、過去の常識を根底から覆すものとなった。

このような状況がほぼ間違いなくやってくる、いやすでに始まっているわけだから、かつて高度経済成長時代に享受した「うま味」をいつまでも追い求めることはできないのだ。このほんのわずかな高度経済成長の残像は一刻も早く頭から消し去る必要がある。

中小企業の場合、自社製品に自信があり、海外市場で販売したり、国内の販売が伸び悩んだために積極的に海外に打って出て成功している会社は、拡大するアジアの需要を自社の成長に取り込んでいこうという意識があり、成長が期待できると思うが、国内だけで事業を展開している企業は、新たな価値を生み出せない限り4社に1社程度は、遅かれ早かれ淘汰されるのではないだろうか。人口が減少し、消費マーケットが無くなっていくわけだから当然である。

そうなると、各業界が今まで守ってきた〝既得権益〟の中で、今後もビジネスを継続して収益を上げていくことは難しくなっていくわけで、市場のパイが減っていく中では、へたをすれば業界そのものが成り立たなくなる可能性すらある。

既存の大きな枠組みの市場が縮小する中で、その変化に気づかず…または見ないフリをしているオーナー経営者は意外に多い。

まるで「お湯の中の蛙」のようでもある。周りの環境が少しずつ熱くなっていることに気づかずにのんびり浸かっていると、死＝倒産、廃業が待っている。

市場が縮小していけば、それまで「信頼感」や「win-win」などという綺麗ごとでグリップしていたメーカーと販売店の関係や元請と下請の関係なども儚いもので、あっさり崩壊してしまう可能性もある。

簡単に見捨てられ、後は一気に坂を転がり落ちていくだけである。

結局は「持つことのデメリット、リスク」を経営者が考えられなかったということにもつながる。既得権益を持っているからこそ、経営者はそれを奪われないよう必死に守ろうとし、捨てる勇気を持てなかったのだ。

それにしがみつくことに一生懸命で、本来の前向きな努力を怠り、競争力を失っていく。

もちろん、多くのオーナー経営者はこうした経営環境の変化に当然気づいているはずだ。しかし、実際のところ「まだ大丈夫だろう」と思うよりも、「もう諦めている」というのが本音かもしれない。口をついて出てくる言葉は、市場のせいにしたり、政治のせいにしたり、自己を肯定したいがための他責ばかりである。

「まあ俺たちはいいよ。あと10年くらい何とか生き残れれば」

オーナー経営者はもう先がないことを認識している場合も多い。

自分ひとりががんばったところでどうなるものでもない。自分が退くまでこれまでの事業の遺産で食べていければよいと思っている。

これが経営者の本音だとしたら、そこで働いている社員は辛い。

でも、実際は多いのではないだろうか?

自分の子息が跡を継がない場合、「社員の誰かに継いでもらおうと思っている…」というオーナー経営者も多いが、無責任にも程がある。自分がしっかり形を作って継がせるならよいが、自分は諦めて適当なところで逃げ切ろうとしているのだから。

当然そういう会社には若い社員、能力のある社員は根付かない。

組織は疲弊し、諦めが蔓延していき、最終的には市場から退場を命じられることになる。

将来の展望が見えない中にあって、積極的に掴みにいかないとなれば、当然ながら今持っている20世紀型の既得権益を何がなんでも死守しようとする。

なんとか自分のところだけはと、場合によっては商売道徳に反すると思われるような行動を取ったりするケースもあるだろう。既得権益で利益を得ていた会社ほど、その事業から離れられない。これまで小手先の対応で生き残ってきているので、社員が成長していない。大きな失敗さえしなければ商売は安泰だったわけだから。

この状況でだれが一番不幸になっているかといえば、市場の顧客であろう。

結局、最終的なしわ寄せは全部そこへいくことになる。

インターネットの世界に代表されるオープンなビジネスがどんどん広がっている一方で、既得権益を守ってきた企業、とりわけ中小企業はどんどん保守的というか閉鎖的になっており、ちょうどそれらのせめぎ合いが至る所で発生しているのが現在の姿である。

このように、わが国の市場の変化は大前提であった人口の減少に始まり、東日本大震災以降の市場構造まで含め、内需に関しては一時的にはともかく中期タームではどう客観的に評価しても総体的にプラスに転じる要素が見つけにくい状況である。

このような背景の中で、オーナー経営の中小企業はどのような事業形態で成り立っているのだろうか？

現状では成り立っているが、それは20世紀から引き継いできている既得権益的な事業形態であり、何らかのパラダイムシフトにより立ち行かなくなる事業にかなりの部分を頼っていたり、大手メーカーやゼネコンなどの下請け、孫請けなどの立場で、人間関係を活かして仕事を頂いていたり・・・。

このように、付加価値の源泉が圧倒的な技術力や商品力、又はすばらしい組織風土などの見えざる経営資源に委ねられているのではなく、20世紀型の仕組みや属人的関係性によってなんとか維持しているケースが多いかもしれない。

市場環境の変化に伴い構造自体が変化して収益が悪化するケース。

支えているキーマンの退職や高齢化によって関係性が途切れてしまうケース。

そして何より問題なケースが、主体的、積極的に付加価値の創出を目指さず、現状維持に終始するあまり諦めと怠惰が組織に蔓延し、人財が成長せず組織が疲弊する場合であろう。事業形態にもよるが、人財はコストではなく最大の資源であり付加価値の源泉であるはずだ。優れたビジネスシステムを生み出すのも、模倣困難な見えざる資源が蓄積されるのも、人財なのである。

市場環境の変化を鑑みれば、どこかで必ず広義なイノベーションが無ければ21世紀を生き抜く企業にはなれないことは明らかであるにもかかわらず、その最重要の資源が成長せずに疲弊するようでは、もはや前向きな変革は望んでも叶わない。

イノベーションを発意し、起こせるのは人財でしかないのだから。

ブログの渋谷

2010年5月24日

「嫌いなものは嫌いだ！（笑）」

考えてみたら、昔々サラリーマン時代から何が嫌いって、偉そうなヤツが大嫌いだ（笑）

偉そうでも根拠があれば全然問題ないのだが、薄っぺらなくせにそれを隠すために吠えてるようなヤツは、ほんと意味がわからん。

特に20～30年前には、旧態依然とした会社風土と業界秩序の中で、皆が利益が出ていたこともあり、「会社の鎧」を着ているが中身は薄っぺらってなヤツがよく偉そってた。

その頃の当社は小さな町工場。

商流で良いポジションを取れているわけではなく、いつも取引をしながら悔しい思いをしていた。

その度に、「いつか見ておれ！おのれぇ～」（笑）と思っていたもんだ。

何度かは、我慢できずに実際に切れたこともある^^;アカンやん↓自分

たぶん、自分のモチベーションの源泉には、フツフツと常にこういった不条理への怒りがあって、それが故にがんばり続けている部分もありそう。

相当執念深く、本物の負けず嫌いなんで、20～30年かけて見返すみたいな……ちょっと怖いな（笑）

冷静に考えれば、元々鎧なんて持ち合わせてない自分が、こういう根拠も無く偉そうなヤツに対峙するには、生身の自分が強くなる以外に道は無い。

偉そうにされるのは自分が弱いから。

自分が弱くて偉そうにされるってことは、取引上の関係性も悪いってこと。

そんなことでは、いつまで経っても付加価値度の高い商流になるはずもなく、トップになった自分の立場で考えれば、守るべきものすら守れなくなるってこと。

なので、負けたくない！　と思うのなら、本当に見返したいのなら、時間をかけてでも強くなるしかない。

ここまでは、元々鎧も何も持ってなかったんで、そういう弱い者根性でがんばれたのかも。

あれから世の中は変化し、少しずつ既得権益の中であった「会社の鎧」が薄くなってきた。

偽者が通用しなくなり、生身が強くなければ生きてはいけない時代になってきた。

20～30年で少しは自分も強くなったか…根拠も無く偉そうにされることは少なくなったな（笑）

同時に、鎧ではないがいくつかのものを「持つ」ようにもなった。

でも次はもっと高いレベルにこちらを優しい目で見ている「とてつもなく強い人たち」がいる。

そういう人たちは、偉そばるようなこともなく、そのうえで根拠のある自信と成果を常に持っていて、生身の強さを持っている。

ここからが本当の勝負！

そういう人たちと対峙していかないと。

そのうえで成果を出さないと！

第3章

社会の公器をマネジメントする

1. 社会とは？　会社とは？　会社人とは？

ここで述べる内容は、普段から私が部下や学生をはじめ、いろいろな方に対してよく話をしていることだ。

われわれは日頃何気なく「社会」とか「社会人」という言葉を使っている。「社会に出て働く」とか「学校を卒業して明日から社会人になる」などといったように。

しかしながら実際のところ、ほとんどの社会人及びこれから社会人になろうとする学生の皆さんは、「社会とは？」「社会人とは？」の質問に明確に答えられないのではないだろうか。

またベテラン社員や経営者の方であっても、この質問に対する回答はそれぞれに異なり、これという決まった解は得られないかもしれない。

本書においてこれは大前提となる定義なので、ここで確認をしておきたいと思う。

■社会とは？

社会とは人間と人間のあらゆる関係を指し、単一の組織である会社など社会の主体者の一つである部分社会から、国民を包括する国家などの全体社会まで実に多様である。

人間は誕生してから死去するまで社会の構成員の一人であり、また社会の行為者でもある。成人してからは、自営業または政府機関や民間企業などにおいて、労働を通じて報酬を得て生活を営む。これは全体社会、部分社会、そして家族などの多重的な社会関係を構築する人間の組織化であり、また分業化された社会における協働という社会交換の過程でもある。

このように人間は、社会を形成すると同時に社会に形成され、社会に働きかけ、働きかけられながら活動している。これらの社会を支える活動によって、そこに携わるすべての人間が自律的に幸せを得られることが望まれているのである。

■社会人とは？

社会人とは、社会に参加している人のことである。

一般に社会で責任を持って生活をしている人を指す。

会社は社会を構成する主体者の一つであり、「社会人＝会社人」との解釈も成り立つことから、社会での責任とは、会社の役割を果たすため、社会（会社）に働きかけたり働きかけられたりしながら活動をする人と捉えることもできる。

社会人と呼べる第一歩は、この社会（会社）における役割を果たすための責任を理解し、その実行に向けて活動していることといえる。ここで活動とは、すなわち責任を持ってその社会（会社）の役割を果たすことにより、社会に安定的な幸せをもたらすための行動を意味する。

一部Wikipediaから引用しているが、的を射ている。

私たちは成人し働ける年齢になれば、社会に出て責任を持って、その社会に帰属することへの義務を果たさなければならない。

そのことが社会人の務めであり、全体社会を、地域社会を、家族を、個人を幸せにできるプロとしての唯一無二のスタイルなのだと思う。

働ける年代になっても、定職に就かず、価値を創出せず「オレは自由に生きたいんだぁ〜」などと言う人は、一人で無人島へでも行くべきだ。

こういう人は一切、この全体社会が負担している恩恵を被る権利はない。舗装された道路を歩く資格もないし、信号や横断歩道を利用する資格もない。

社会人とは、皆で幸せになるため、この社会を良くするために、相互に働きかけながら、責任を全うする主体者なのだ。

積極的に社会の歯車になる覚悟こそが、尊いことである。

では、会社とはなんだろう。

会社そのものの定義となると、会社法などテクニカルな記述をしなければならないが、ここではシンプルに、社会の定義に倣い、人間と会社は相互に働きかけ、そして働きかけられながら活動し、その役割を果たしている主体であるとする。

そして国家などの全体社会における会社の役割も同様であり、相互に有用な作用を起こしながら人間と地球の営みを支えるためのものでなければならない。

そして、社会において人間の幸せな営みを支える会社であるためには、「雇用」と「納税」を守りながら、長く付加価値を創出し続ける社会の主体者であらねばならない。

会社はこの全体社会の中で、付加価値を唯一生み出せる重要な主体者でもある。

「会社は天からのあずかりもの」とは、故松下幸之助氏の言葉だが、私たちは尊い志を持って、社会のために会社を通じて付加価値を生み出す事業を行っているのだ。

経営者が、自分自身や自分の身内など近しい人・愛する人たちを守りたい！　と思うなら、その方々が属するこの社会に対して報いることが、経営者にできる唯一の社会貢献の表現であるといえるだろう。

なぜなら、社会に付加価値を与え、雇用と納税を継続する会社、すなわち「社会の公器」を適切にマネジメントし経営することが、経営者の社会における使命であり、それが結果的に周囲の方々に報いることになるからだ。

今現在も、約１５０万社の99％を占める中小企業のうち、70％の会社は赤字申告で、法人税を納めていない。

それでもまだ雇用を維持していれば十分に社会の公器としての役割を担っているといえるが、廃業・倒産などで、雇用すら継続できない中小企業が増加していることは、全体社会にとって由々しき問題である。

いくら、大部分の法人税を大企業が納めているといっても、雇用の担い手として、もちろん生産の担い手としての中小企業の役割は大きいわけで、私たちオーナー経営の中小企業は、自分たちが社会の公器であるという尊い思想をしっかりと持つことが大切だ。

ブログの渋谷

2010年3月16日

「社会人としての〝最初の第一歩〟」

新卒採用などで学生に時々こんな話をしている。

だが、案外当社社員も含めて、すでに社会人になっている（と思われる）人材でも、この「社会人として最初の第一歩」の考え方を理解してない人が多いように思う。

Wikipediaでは、「社会人とは、社会に参加している人のことである。一般に社会で責任を持って生活している人を指すことが多い」と定義されている。

で、この「社会」の定義とは「人間と人間のあらゆる関係を指す」とされている。

この人間と人間のあらゆる関係というのが、国家であったり、会社であったり、自治会であったり、小さくは家族であったりするんだろう。

この中で、定義には「社会で責任を持って生活をしている人」とあるので、責任を有しそれを規定されているという意味では、一般的に社会人が活動する社会の単位の代表的なものは国家や会社だと言える。

ではまず社会人がその第一歩として理解しなければならないこととは「社会人が社会人足る存在たらしめる一番の意義は、その責任を理解すること」に他ならない。

なぜなら、一般に国家や会社に責任を有して参加する人のことを社会人と言うので、その責任を有してない人や、理解してない人は社会人の定義に当てはまらないからだ。

じゃあ次は当然その責任とは何か？　である。

国家という社会に属する社会人という意味では、まずは納税であったり、年金を納付したりという責任だろう。

納めた税金によって社会を司る仕組みが生成され運用されるわけで、極端に言えば労働力とみなされる年齢層の人材が納税義務を果たさず（働いてない）、寄りかかっているだけなのであれば、その人は本来は社会の恩恵を受けることができないはずだ。

どんな仕事でも選ばなければ絶対に仕事はあるわけなので、ブツブツ社会を批判したりしたところで、こういう人材は人間と人間の関係である社会において責任を果たせないわけなので、無人島ででも一人で暮らすべきだろう。

派遣切りがどうとか、雇用政策がどうとか、ゴチャゴチャ言う前にとにかく働いて納税する責任を果たすことが大前提である。

また、会社という意味での責任については、「会社毎に規定されたルールを遵守し、指示命令を守り、目標である利益に向けて最大限の努力をすること」になる。そのうえで、国家に属する会社も付加価値を上げ、法人税などを納付し、その責任を果たしているわけだ。

業務上の自由さは大いに結構だが、まず会社に属する社会人としての大前提の責任を理解せずに、自由さとか批判とか主張をするような人材は、会社に属する権利はない。

会社が提供する恩恵を受けることもできないわけで、独立でもして一から十まですべてを自分独りでやってみることだ。

どれだけ甘ったれた中での身勝手な主張を言ってたかが、わずかでも理解できるだろう。

同様に、最低限の責任は理解してても、勝手に自分で線引きをし、くだらない自己保身ばかりに明け暮れている人材も、結果的には社会人である責任を知ってはいても果たしてないのと同じことだろう。

会社という社会の単位に属する人間の責任とは、「会社毎に規定されたルールを遵守し、指示命令を守り、目標である利益に向けて最大限の努力をすること」なのだから、身勝手なボーダーを設けて努力をしない人間や、上っ面ばかりの保身人間も、実態的にはその責任を果たしてないことになる。

現代は、いろんな情報もあるし、いろんな選択肢もある。

だからこそ、その「自由」を勘違いし、本来社会人が負うべき責任を果たすという大前提を見失っているケースが見られる。

社会人とは本来メチャクチャ不自由な存在で、自分が属する社会を成立させるために、個人を犠牲にして、同じ社会に属する人たちとの協働により責任を果たし価値を見出すべき存在である。

自由なわがままばかりを主張するのなら、社会に属する権利を放棄するべきだ。

自分が周囲や社会によって生かされており、お互い様の気持ちで社会が成り立っている中に、個人の欲やプライドやわがままがまかり通るわけがない。

世界人口68億人、そのうち40億人が年収3，000ドルに達してない世界の現状の中、この国の社会がどれだけ甘ったるく、恵まれているかをまずは知るべきだろう。


会社がまず行うべき社会に対する絶対的な役割＝社会貢献とは、会社を継続させ、雇用と納税を守ることである。そういうベーシックな責任を果たして、初めて「ＣＳＲ（企業の社会的責任）」などという言葉を口に出してもいいのだと思っている。

人間と人間の関係性である社会。大きくは国家などの全体社会であり、会社も同様に全体社会の一つの主体者であり、社会の単位である。

その全体社会において、人間の幸せな営みのために相互に作用しあう人間と会社の関係があり、その関係において、役割を全うし責任を果たすために努力する会社人がいる。その会社人を統括しマネジメントするのが経営者なのだ。

その経営者の役割（＝社会貢献）とは、会社を継続させ、雇用と納税を守ることに他ならず、そのために付加価値を生み出し続けることである。

経営者たるもの、決して、直接的な報酬や会社の独占所有などといった低レベルな我欲が先に立ってはならない。

それらは会社が社会に対する絶対的な役割、使命（ミッション）を果たせば、自ずと後からついてくるものである。

これらの定義をしっかりと理解しておくことが、経営者としての第一歩である。

まとめると、会社とは社会と人間とに相互に働きかけ、そして働きかけられながら活動し、責任を持って社会における役割を果たす主体者である。

この役割とは、雇用と納税を継続するため、付加価値を生み出し続けるということ。

全体社会としてのわが国において、付加価値を生み出せる社会の主体者としての会社の役割は非常に大きいものがある。

人間は生まれたときから社会の構成員であり、社会とは人間と人間のあらゆる関係を指し、その活動によって人間の幸せな営みを支え続けていると考えれば、そこで付加価値を生み出す活動の器となる会社は尊い存在であるはず。大局から社会を、そしてその構成員である人間を支え続けているわけなのだ。

この大前提を真摯に行使するからこそ、「会社＝社会の公器」と呼べる存在だといえる。そして、その公器をマネジメントするオーナー経営者は、精神的な意味において公職に就いていると認識しても差し支えなく、この部分にこそ自らのプライドを持つべきだろう。

ブログの渋谷

2009年3月7日

「会社は社会における公な存在」

私たちの会社は同族企業で、ほとんどの株式を身内で保有している。

しかし、それは私利私欲のためではなく、株式が離散することでのファイナンス計画が歪な状況にならないようにという意識が強い。今の段階では。

会社とは社会の一つの主体で「公」な存在なので、決して株式を保有しているからその人が自由にしてよいというものではない。

そのために、外部監査、外部役員などの牽制や総会などの意思決定手法が定められ、一定の枠組みの上で成り立たせようとしている。

しかし、中小企業の多くはそういう枠組みが適切に遂行されていない。

株式を保有している人の考え方に委ねられているケースが多いはずだ。

自分が出資してリスクを負っているので、会社を私物化し適当な嘘で社員をごまかし、言葉では決して言わなくても、社員は自分の報酬（贅沢）のために働いていると考えている経営者＝株主は相当いる。

適切に税金を払わず、私利私欲のために何でもかんでも会社経費で落とす。

十分な利益が出ていれば全く結構だが、こういう会社は大概ギリギリの経営が多く、社員の身を削って経営者の贅沢を支えていたりする。

また、そこまであくどくなくても、会社組織の本質的な目的のためではなく、自己のプライドやこだわりを優先してしまうケースもあるだろう。

会社は決して私物化してはならない、社会の「公」な存在である。

付加価値度を上げ続け、その結果として成長しながら利益を計上する。

社会の主体の中で、付加価値を上げ自分が属する社会の単位に成長をもたらすことができるのは会社だけ。

この利益が納税となり、給与となり、社会を豊かにする。

そう考えれば、決して私利私欲のために私物化してよいはずがない。

経営者＝株主になれば、誰もその行動を叱る人間がいなくなり、牽制が起こりにくい。

だからこそ「義」を通さなくてはならず、自らを律しなくてはならない。

そのためには、情報も行動もオープンにすることが大切だ。

私の父親は亡くなっているが、「働かざるもの食うべからず」といつも言っていた。
本人が言いたかった意図と、今の自分が感じているものは違うかもしれないが、経営者は会社の中で一番汗を流していないといけない。（決して実務をやるという意味ではなく、引き受ける意識の強さから、一番会社のこと、仕事のことを考え行動しているということ）
その引き受ける強さも持たず、自分は出資してリスクを負っているという使い古した言い訳で納得をして私物化するようでは、会社が「公」としての義を通せるはずもない。

何かと殺伐として、自分さえよければという風潮の世の中。

社会の主体者として「公」の意識を突き通せる会社であり続けたい。

そのために社員には厳しい意見もするだろうし、戦わなくてはならない時もあるが、それは、道徳性・社会性から発展した統治原理の範疇である。

そのうえで、必ず10年後15年後に、納得できる会社であることを私は誓う。

2. 中途半端な「オレの会社」意識はいらない！

前節で、オーナー経営者は、金銭欲・所有欲・独占欲などの低レベルな我欲に支配されてはならず、社会の公器をマネジメントしているという高貴なプライドこそ重要だと述べた。

オーナー経営とは、わが国に多く存在する企業統治の仕組みであり、経営者（社長）でありながら、株主でもある。また、個人保証をすることで、個人と会社一心同体として、強い意志を持つこともできる仕組みだ。

代々続く…というような家督を継ぐという概念の中では、相続問題などもクリアにしながらだが、家と会社が一心同体というケースも多い。

最近創業した、ＩＴ系・金融系、サービス産業などのベンチャー企業であっても、恐らく大半は同じ構造だろう。

なんとなく優れたベンチャー企業のように見えても、企業の状態を客観的に見れば、たくさんのオーナー経営の中小企業と何ら変わりはない。

また全権を握っていることからも、「オレの会社だ、オレの自由にして何が悪い！」という姿勢の経営者をよく見かける。

実際にそのようには表現していなくても、やっていることを見れば、ガバナンスの効かない「オレの会社だ！」意識が如実に表れている。

このような思考は、ある意味では責任感の表れでもあり、強力なトップダウンで会社の難局を乗り越え、スピード感を持った事業運営を可能にしてきたことも多いだろう。

また強いリーダーシップにより、組織を統治し、従業員とは親分・子分のような師弟関係を結ぶことにより、従業員が帰属意識を持って仕事に邁進できたかもしれない。

しかし、それはこれまでがプラス成長の時代だったからこそ実現できたことではないだろうか？

周囲を見渡してみると、実際にはどうだろう。

良いほうに出ているケースもあれば、悪いほうに出ているケースもある。

経済成長がプラスで全体が順調だった頃は、「オレの会社だ！」意識でうまくいったのだと思う。

実際に、古き良き時代の親分的なオーナー経営者が、怠惰で浪費さえしなければ、しっかりとその時代を生き抜けたことも事実だ。

しかし、前章で述べたような時代背景の中、これからも「オレの会社だ！」で生き残れるだろうか？　そういうガバナンスの効かない属人的な要素で、社会の公器である会社が左右されてしまってよいのだろうか？

これは確率論かもしれないが、強いリーダーシップによって会社が良くなるということはとても重要ではあるが、常にオーナー経営者が強くて正しいリーダーシップを発揮できるとは限らない。

批判を承知で言えば、20世紀の事業環境においては、極論すれば誰が経営してもそこそこうまくいったと思う。

しかし、そんな時代は完全に変わりつつある。

市場環境の変化は猛然と襲い掛かってくるのだ。

「内需のマイナス成長」「市場の変化」「情報通信革命」「グローバリズム」「円高・デフレ・株安」「商取引形態の変化」「コンプライアンス」「若者の就業意識の低下」など、ここ20年の間に急激に難度が増したこれらの課題に対応しつつ成長拡大を図っていくという難問を多くの中小企業は突きつけられている。

オーナー経営者は、それに対峙できるだけのスキルを身につけているだろうか？

いまだかつて内需型日本企業が体験したことがない時代を迎え、この先逃げ切れるというのだろうか？　客観的に判断して、自分が「オレの会社だ！」という思考で問題ないだろうか？　これからは先ほどの確率論で言えば、かなり確率が下がってくると思われる。

もちろん、置かれている環境やフェーズ、市場、事業スキーム、組織などの違いにより、一概には言えないことは明らかだが、正直私自身はどう考えても自信はない（笑）。

多くのオーナー企業の「社会の公器」としての責任と役割。そしてそれをマネジメントするオーナー経営者の尊いプライドを鑑みれば、ここは客観的な判断が必要なのだが、そういう視点で自信がないのだ。

一人の力なんて、たかが知れている。

20世紀はすべてがプラス成長だったわけだから、別に誰がやってもうまくいったのだ。特別、オーナー経営者が偉かったわけではないと、あえて言おう。

「会社は経営者の器以上には成長しない」とよく言われる。

これはオーナー経営者による属人的な経営の場合であろう。

その結果、いまだに中小企業であるのなら、それがプラス成長時代の経営者の力ということだ。これからますます環境が厳しくなる中では、通用するはずがない。

そう考えるほうが理にかなっている。

これから2050年までのマイナス成長の40年間、属人的でガバナンスの効かない体制で逃げ切れるほど、市場は甘くはない。


中途半端な「オレの会社だ！」意識のオーナー経営者の心の中には（場合によっては口から出ていることもあるだろう）「個人保証までオレはやっているんだ！」という考えが根付いているのではないだろうか。

今のわが国の金融機関のスキームでは個人保証なんて当たり前のこと。

それがイヤならさっさと社長を辞めればいいわけで、偉そうに「個人保証をやっている！」などという言い訳を心の中に持っていること自体、救いようがない。

社員の前でそんな言葉を発してみても、反応できるはずもなく白けるだけである。

オーナー経営者が陥りがちな失敗は、こういう中途半端な「オレの会社だ！」意識に紐付いていることが多い。

(1)　拡大意識が強すぎて、周囲がバカに見えて仕方ない。自分の意識の中ではドンドン先に進みたいので、拡大一辺倒。20世紀の中途半端なたまたまの成功経験が、そうさせてしまっているケースも多い。

(2)ワンマン経営から人材が育たない裸の王様。元は優れたリーダーでカリスマ経営者であったことも多いが、いつの日か時代の変化とともに…。

(3)同族承継がうまくいかないケース。わが子や親族への承継を失敗したり、承継問題や相続問題がこじれて会社の重要な意思決定を歪めるケース。

(4)財務やＩＴ音痴で、営業や技術一辺倒。もちろん、営業や技術に強いことは重要なリソースであるが、それだけで経営できるほど今の時代は易しくない。また、ＩＴを活用した情報収集力にも劣るため、ドンドン差がついてしまう。

一部、日経ＢＰ社の記事から引用しているが、このような、典型的なオーナー経営者の失敗をたくさん見てきた。

また、ベンチャー企業の「リアリティ不足」というのも失敗のケースとしては多い。オーナー経営者の小難しい机上の空論が、さも市場に受け入れられやすいように見え、自分の事業モデルに酔ってどんどんリソースを投入するが、市場は全く反応しないというパターンである。よくあるオーナー経営者の勘違いという意味では、20世紀型の失敗と本質は何も変わらない。

その根底には、オーナー経営者の中途半端な「オレの会社だ！」意識が潜んでいる。もちろん、大前提として「オレの会社だ！」意識を全く持たない、やる気もなく、優柔不断な経営者は論外であるが。

過去における多くの先輩経営者の失敗が、私たちに学びをもたらす。

巨大な企業グループを一代で形成した実業家や、プロ野球チームまで有した大手流通業のオーナー経営者など、カリスマ経営者が一転窮地に陥った事例は枚挙に暇がない。

「盛者必衰の理」とは真理である。

強いもの、頭の良いもの、大きいものが勝ち残るのではない。変化を起こせ、耐えられるものが勝ち残れるのだ。

一人の力で、変化を続ける市場に立ち向かえる経営者なんて、10万人に一人くらいの確率であろう。

その一人になれていれば、とうに会社は大企業への仲間入りを果たしていただろう。

そう考えれば、私たち凡人がこれだけ変化の大きな21世紀において、社会の公器としての責任を全うするためには、「オレの会社だ！」意識でなんとかなるものではないと思う。

もちろん、「オレの会社だ！」意識を持ちながら相当な努力を続ける経営者もたくさんいるし、それで成果を出す場合も多い。

それでもあえて言うのである。

人の心は移ろう。

人の心は我欲との戦いでもある。

この時代の変化に対するには、相当な努力とセンスも必要だ。

今48才の私が60才になったとき、どんな精神状態で経営しているかを考えれば、凡《およ》そ恐ろしい…恐らく相当わがままになっているはずだ（笑）。

そんな未来の自分には安心はできないのだ。

ブログの渋谷
2008年6月17日

「自責と他責」

あまりに何事も他責にする人間の多いことか。

それはあからさまなものではなく、責任ということの深さを自分の中で適当に切り上げて、勝手な解釈で責任の範囲を決めてしまっているので、その範囲の中では確かに自責の念は持っているんだろうが、全く義理を果たせてないことに気づいていないと言うケースが多く、これが一番やっかいだ。そう思い込んでしまっているわけだから。

自分の周囲に起こることはすべて自分の責任。

こう考えると、責任の範囲＝無限である。
この世で生きていること自体が責任である。
会社と社員と家族と周囲の社会環境は、すべて経営者であり個人である自分をを映す鏡。

何でもかんでも勝手に他責にして、責任を負うことを嫌う人間は、そうやって生きてそうやって死ねばいい。きっと自分が死ぬことも誰かの責任にするんだろうな^^;

この責任の範囲に応じて、社会の中での価値が決まる。

その価値が現代では一般的には報酬に反映される。（報酬を得たいというより、結果として報酬がついてくる）

戦国時代で言えば、義理を重んじて、死を恐れずに武士としての責任を全うして勇敢に戦った者だけが、各地大名から評価されて、下級武士からでも何千石といった侍大将にまでのし上がったわけで、現代であれば死を恐れずに…ってことが無いだけでも全くもって気楽なわけで、そういう社会の中で如何に自律し、自責し、責任の範囲を深いレベルで広げられる人間だけが、高い報酬を得ていいんだと思う。

殺伐とした社会の中で、〝義〟を失い、〝恥〟をさらしてでも拝金主義に走る。

そんな人間が、一国一条の主として会社を守れるわけもない。

いかなる時も、自らの〝義〟と真剣に向き合って〝筋〟を通そう。

それが会社と社員と社会を守ることができる、経営者の責任であり〝徳〟である。

3. なぜ働くのか？　なぜ会社を経営するのか？　を自問せよ

本章の前半で、社会人・社会・会社について考察した。

そこでは「なぜ働くのか？」の大前提となる、社会での責任などを示した。

私たちは全体社会の構成員であり、また会社も社会を構成する一つの部分社会である。

全体社会は有機的に機能しており、私たちはここでの恩恵を受ける権利を有している。

その反面の責任として、働ける年齢になると納税などを果たさなければならない。

納税の原資は、会社が上げる付加価値である。

また、会社は付加価値を上げ、雇用と納税を継続することで社会に応える義務があるわけで、すべては、会社人の労働によって生み出される会社の付加価値により部分社会そして全体社会が維持され、その恩恵をすべての構成員が享受していることで相互に成り立っているのである。

そう思えば、私たちは身近な人を幸せにすることも、社会に貢献することも、そのための第一歩は、労働により付加価値を上げることだといえる。

オーナー経営者は、それを司る会社をマネジメントする立場なので、その高貴な自負こそが働くモチベーションの源泉であるべきだ。社会の公器をマネジメントするという大儀に、向き合うことに、より真剣になるべきであろう。

しんどいが、その尊いミッションを果たす過程で成長がある。

人間一生一つのことを成し遂げるために、こんなに恵まれた環境はないはずだ。

すべてのオーナー経営者が会社を放棄したら、全体社会（この国）はたちまち崩壊してしまう。よって、ここは喜んで社会の歯車であるべきだと思う。

このロジックが基礎中の基礎であり、この社会における役割と責任、義務については、現代のわが国では不変なものである。

ここで知人のオーナー経営者の話をしよう。

毎日社員総出で、近隣の掃除をしているそうだ。それが社会貢献だと信じているらしい。

知人はとても〝エエかっこしい〟である（笑）。

その会社の離職率は非常に高い。退職した社員曰く、年俸制では「時間外手当は支払われない」とウソを言って一切払わないらしい。そのうえで毎晩22時頃までの勤務である。

いわゆるボーナスは、ここ数年出た試しがない。

もちろん、70％を占める納税を行っていない中小企業の中の一社である。

「社会貢献」とは全社員でこれ見よがしに近隣を掃除することだろうか？

社長が外部で上っ面な美談を講演することだろうか？

近隣の掃除が凡事徹底意識を促し、それが本当の付加価値につながるのであればよいが、そういうわけでもないようだ。

働くことの基礎、社会貢献の基本…ここをしっかりやって初めて〝エエかっこ〟してもよいのだと思う。

オーナー経営者は勘違いしてはいけない。属人的な欲求に支配される上っ面だけの社会貢献などは振り切らねばならない。

稲盛和夫氏の「動機善なりや、私心なかりしか」である。

ブログの渋谷

2009年2月19日

「引き受ける強さ」

一日24時間の内、7時間寝ているとして、その他で自宅で寛いだり、外で遊んだりという自由な時間が7時間。

残りの10時間は通勤時間も含めて仕事をしている。って辺りが、平均的なところか。

年間休日が120日程度であれば、1年の総時間の内で、寝ているのが30%で、自由時間が40%で、仕事をしているのが30%ってところか。

自分の場合で試算すると、年間休日60日として、寝ているのが25%で、自由時間が20%で、仕事が55%くらいかなぁ…

人生のこれだけの時間を仕事に費やしている。

なんだかんだ言ったところで、この仕事の時間が気分良くなければ一回コッキリの人生は味気ないのかも…

じゃあ、どうすれば気分のいい仕事の時間になるのかって考えると、最終的には周囲の責任にしていては、どこまでいっても満足な時間にはならないってことに必ず行き着く。

そりゃ、言い訳して周りに責任を押し付けてて、自分自身で満足できるはずもない。

もし、そんなことで満足してるんなら、それはただの勘違い^^;

自信持って精一杯やってみて、失敗して凹んで、うまくいって喜んで…いつも全身全霊の全力投球で。

〝流した汗は嘘をつかない〟なんて、ダサいフレーズが妙に懐かしくて気持ちいい。

他人も過去も変えられないけど、未来と自分は変えられる。

自分が変わって初めて他人も変わる。

さぁ、雨の日には雨の中を、風の日には風の中を、すべてをあるがままに受け入れながら、一切を引き受けて歩いて行こう！

それが唯一の納得できる人生を生き抜く手法で、多くの時間を占める仕事に対する姿勢だ。


仕事をしていて「なぜ、会社を経営するのか？」を考えさせられることも多い。

私の周りの経営者で廃業・休業するものも多いが、倒産もかなりの数を見てきた。

ある先輩経営者は、しょっちゅう私に節税指南をしてくれていた。

どうも、本業よりもそちらに興味がある様子だったが、事業そのものは20世紀、彼の父親の代に起こした町工場である。

一流大学を卒業し、極めて聡明なイメージの社長だったので、節税の話も経営者仲間では人気があった。

しかし、その会社も21世紀に入ってしばらくした頃、倒産している。

倒産というよりも会社整理のほうが近かったかもしれないが、その辺は彼の聡明さゆえだろう。

「そんな税金払う必要なんてない！　おまえバカだなぁ～」

とよく言われたが…その会社が倒産したのである。

たしかに無駄な税金を払う必要はないが、必要な税金は喜んで払わないといけない。

それをもったいない！　と思って、なんとか節税できる方法を…と考え続けていたようだが、まさしく本末転倒である。

節税が経営者の仕事である！　くらいのことを言い切っていたが、そんなわけはない（笑）。

要は、町工場の事業に興味が持てず、現場を無視して節税や小手先の対策に奔走しただけのことである。

自分のプライドを保つためにそれを外部で吹聴し、「あの聡明な社長のファイナンス理論はスゴイ！」と言われることが嬉しいという私心が先に出てしまう。

結局、本業が立ち行かなくなって倒産、整理。

その後のその社長の言葉が、

「この国は税金が高すぎる！　こんなくだらない政治の国だから中小企業にしわ寄せが来る！　私はその被害者だ！」

まぁ、こういう言い訳をするような社長だから、会社は潰れたということだ。

納税にせよ、原理原則でしかない。

社会の公器であるならば、納税は喜んで行うべきだ。

社会の主体者であることにもっと真摯になるべきである。

節税のための小手先を考えている暇があるなら、売上を伸ばせ！　利益を獲得せよ！

「なぜ会社を経営するのか？」

この会社の倒産は、この問いに対する誤った思想を持ったがゆえの悲劇である。

ブログの渋谷

2011年6月3日

〝責任〟

ここ最近この〝責任〟という言葉の意味をよく考えさせられる。

●立場上当然負わなければならない任務や業務

●自分のした事の結果について責めを負うこと

と、国語辞典にはある。

〝責〟だけで見ても「当然果たすべきつとめ」と書かれている。

「当然負う、当然果たす…」とあることからも、これは絶対条件なんだろう。

それなのに、その責を果たせない場合には、それを「無責任」と言い、それを人の責任として押し付けると「他責」となる。

一番タチが悪いのは、この責任の範囲から日常的に逃れる習慣がついていて、根本的にいつも責任を負わないという姿勢の持ち主。

そういう人はがんばっている人と同じステージに上がる権利さえ持ち得ないと言うことでいいだろう。存在する意味すらない。なので成長もしない。周囲と本質的に関わることなく、一生他責ばかりで死んでいくだけ。


さて、もう少し高度な責任について考える。

普通の人は、原則発達段階で社会性を身につけ、この責任の範疇についても学習と感覚で、同じ社会に属する者同士の視点を共有できる。

これが大人になってその属する社会（会社組織）や立場によって、微妙に変化する。

幼少の頃から身についた広義な社会性が、会社組織や立場によって歪められる。

それにより、社会では通用しないような他責や無責任人間に…

人間とは弱いものなので、そんな風になってしまうのは、組織の歪な風土や立場に負けてしまうってことだろう。

なのでまず組織の風土として最重要なのは「責任の範疇」だと思っている。

いわゆる「自責意識」だ。

そして組織での立場上位者が、それに負けないために「ノブレス・オブリージュ」という思考が必要だ。

もう一つ、自我をコントロールするための「欲求の定義、最も目指すべきは自己実現の欲求」という考えである。

当社は、こういう思考ができる人材だけで構成したい。

そして、そういう風土であり続けたい。

このような社会性の大前提として成立するフィロソフィーのレイヤーにおいては、多様な考えを許容するという思考は通用しない。

これらは大前提である。

〝責〟とは当然果たすべき、当然負うべき…なんだから、そういうことだ。

歴史のある会社、既得権益を有する会社、勘違い社長が統治する会社…歪な組織、立場に負けた人材をたっくさん見てきた。

ちょっと気を許すと、それらは入り込んでくる。

だから、いつもいつもそうならないように風土醸成には注力する必要がある。

風土醸成のために、凡事徹底！

気持ちをこめて平凡なことを非凡に責任を真摯に果たし続けることが必要で、魔除けみたいなもんだと思っている。

「自責意識」「欲求の定義」「ノブレス・オブリージュ」「凡事徹底」「風土醸成」そんな当社の行動指針のすべてが〝社会での責任を果たす〟ために存在し、〝成長のエンジン〟である。

また、「なぜ働くのか？」を掘り下げると、必ず資金繰りやお金の話がついてくる。

中小企業の資金繰りの厳しさは、私もイヤというほど経験してきたので、それなりに理解しているつもりだ。

まだまだ私自身も未熟だった頃、資金繰りが厳しく、社員の給与振込みが取引先からの当月の入金を待たないと足らなくて、月末の日、社員全員分の手書きの振込用紙を持って銀行で処理をしたこともある。

信用していた取引先の社長に騙されて、お金を失ったこともある。

彼らは騙すつもりなど無いのだろうが、結局は覚悟の無さが詐欺師にしてしまうのだ。

だが、それでもあえて言おう。

お金に縛られないことだ。お金に振り回されないことだ。

そんな人生を送っていて、高貴な思想なんて持ち得るわけもないし、納得の行く経営者人生を全うできるわけもない。

「お金は後からついてくる！」これが絶対の真理である。

それは信用できない…現実はそんなに甘くない…そんな声は重々承知だ。

それでも、それでもあえて言いたい。目先のお金に捕われ、信用を無くしたり、無駄な時間を費やしたり、後ろめたい気持ちになったり…そんなことで堂々とした人生が送れるはずがない。すべては利他の精神に紐付く、正々堂々とした商売であり、真摯さでしかない。

きれい事を言うな！　と叱られるかもしれない。

しかし、そんなきれい事にならないのは自分自身の努力が足らないからと思い続け、毎日毎日努力を続ければ、10年もあれば絶対に成果は出る。今の日本であれば。

詐欺にあった？　自分が弱いからだ。

そんなこともすべて〝義〟で大きく包み込んでしまえ！

もちろん、努力の方向性や手法、思想によってスピード感が違ってくることはあるが、それも含めて日々の改善意識のみだ。

そして、本当にお金に捕われることがなくなったとき、お金の呪縛から解放されるだろう。その努力によって、間違いなくお金以上に大切な価値観を得ることができるからだ。

そうなればしめたもの！　お金に捕われ続ける儚い人生とおさらばできる。

結局は自分の努力でしかないのだが、それでもお金の問題をクリアすることは、必ず実現できるのである。

〝先義後利〟とは、こういうことだと思っている。

ブログの渋谷

2010年6月14日

「企業消滅」

今旬発行の帝国タイムスによると、２００９年度も倒産・廃業などで日本の会社は年間で４万社が消滅（減少）しているそうだ。

別の統計では、１９９１年当時日本の会社数は１６０万社で事業所数は６７５万事業所あった。

それが、２０１０年には、会社数は１４５万社で事業所数は５８０万事業所にまで落ち込んでいる（いずれも推定数）。

また、廃業しなくても休眠状態にある会社は相当数あることを考慮すれば、ここ20年間で日本において事業を営む法人の整理が進んだことがイメージできる。

格差が生まれ淘汰が進み、生き残れるものと生き残れないもの＝本物と偽者がハッキリと分かれる時代。

一部の勝者のみが隆盛する時代。

また、その勝者すらめまぐるしく変わり安閑とはできない変化の時代。

労働力が減少するが、労働生産性も上がらず、生産性の高い産業分野へのシフトも遅れ、シュリンクしていく社会。

当社のwebサイトには〝企業が継続する社会的意義〟という言葉が書かれている。

「企業とは、社会からの預りモノ」とは松下幸之助氏の有名な言葉。

私たちが生活するこの社会において、企業とは生産したり提供するサービスにおいて社会に利便や安心・安全などをもたらし、そのうえで付加価値を計上し社会全体を豊かにすることができる唯一の存在。その企業が少なくなっていったり赤字を垂れ流すようでは、この社会自体が持たなくなるのは自明。

私物ではなく、社会の公器である企業が付加価値を上げ続けながら継続することは、私たち企業人に課せられた絶対使命である。

社会の、また周囲の人たちの幸せを願うのであれば、私たち企業人はひたすら生産性を上げて社会に付加価値を与え続けることだけが、一生をかけてやる唯一の仕事だろう。

ここにはもはや迷いは一切無い！

4. 2011年3・11以降の日本はどう変わったか？

私たちが決して忘れることはなく、深く胸に刻み込まれた2011年3月11日の東日本大震災。私自身は阪神淡路大震災を大阪で経験したが、それにも増して、大きな被害が出たことは、深痛の想いである。

また原発問題は、これから数十年にわたって、わが国のエネルギー政策の転換を促すだろうし、国内の産業空洞化は法人税減税の実質立ち消えや消費税増税、労働関連法のあり方、円高などとともに加速するだろう。

経済の面では、更なるマイナス成長を助長することは容易に想定できる。

ただ、内需のシュリンク、空洞化は遅かれ早かれ起こることだと思えば、こういうインパクトのある災害によって気づかされたという面もある。

そして震災復興中の地域が抱える課題は、10年後のわが国の縮図である。

独居老人世帯、老老介護に看護、格差社会、住宅の老朽化、産業構造の変化、労働者不足…

悲しいことだがそれが現実であり、なんとかして全体社会で支えなければならない。

また、この全体社会での支え方として、実際にあらゆる面で共生社会化へ向かっていることや、価値観の転倒が起こっていることも事実である。

幸せの定義が変化してきていることは、誰もが感覚的に理解しているだろう。

本章で、オーナー経営の中小企業は「社会の公器」であると示した。

この思想は、3・11以降のわが国には、より明確にイメージしやすくなったのではないだろうか?

マインドは確実に「競争社会」から「共生社会」に向かっている。

原則資本主義社会なので、競争は必ず起こるのだが、その競争に勝つための手法が共生を実現するという発想がクローズアップされている。

持続可能な共生社会のためには、付加価値を上げ続けなければならない。

ここはきれい事では済まない。

私たち社会の公器としてのミッションは、被災地の方々から直接「ありがとう」の言葉を聞くことができなくても、これをやり遂げることである。

社会の公器であるなら、共生と利他の精神にもとづきながら、社会に普遍的な恵みをもたらすことで、付加価値を形成し、収益を上げ、雇用を守り、納税を果たすことだ。

それによりわが国を少しでも豊かに、そして被災地の支援にと、大いなる役割を果たそうとすべきである。

地味なので、誰からも評価されないかもしれないが、これ見よがしな評価を期待すること自体が私心であると思えば、ただひたすらに自らの公器としてのミッションを果たし、成果を出すことで自己実現の欲求を満たすことである。

公器をマネジメントするという大儀を果たすため、自らのモチベーションのため、生き様のために、こういうところにプライドを持って仕事をすべきだと思う。

その成果として、きちんとお金も後からついてくる…はずだ（笑）。

これもきれい事だと思われるかもしれない。

しかしそれでも、一度きりの人生、信じるものを貫いたほうがいいに決まっている。

すでに、こういう思想のほうが成果として表れる時代に変化してきていることを、すべての経営者は感じ取るべきであろう。

ブログの渋谷
2010年7月18日

「この国のこと」

先日TVで紹介されていた〝帰って来た蛍〟という舞台を観た。

第二次世界大戦終盤の1945年。

鹿児島は知覧から沖縄へ飛び立った特攻隊。

死にいく若者を誠心誠意支えた富屋食堂の〝特攻の母〟鳥濱トメさんと若者たちとの交流を描く。

死ぬことは誰でも怖い。

実際にはいろいろな感性があって当たり前だが、それでも最後には「この国のため、愛する人のため」にわが命を捧げることで守ろうとした純朴な人間主義のナショナリズム。

自由のない不自由な時代。

戦争という狂気の中で、人間の絆と愛を貫き通した話。

北極圏にあるスヴァールバル諸島は、ノルウェー領ではあるが、多くのスヴァールバル条約加盟国の国民が自由に移住、経済活動を行えるフリーゾーン。

国を失った東欧の国々の住民や、アジアの人たちなどが人の絆を大切にしながら住んでいる。

国家とは何か？

ナショナリズムとは何か？

を考えさせられた。

グローバリズムも、地球市民という概念も、それはそれで大切だ。

しかし、現在の地球社会は国家組織が一つの単位社会として組成されている。

では、私たちの日本はどうだ？

どれだけの人が、この国を守ろうと考えているだろうか？

どれだけの人が、わずか65年前まで数度の戦争で数百万人が国家のために死んでいった事実を受け入れられるだろうか？

またその犠牲の上に、これだけ安定した国家があることを理解しているだろうか？

国を守るため、愛する人を守るために特攻で死にいったのは、現在の高校生〜大学生の世代。

現代…個人的に愛する人たちを守る直接的な行為はもちろん尊い。

だが、私たちの世代は、大所高所から俯瞰して、間違ったナショナリズムではなく、より人間の絆を重視してこの国を守るための行動を真剣に貫くことが、結果的に愛する人、大切に想う人を守れるということを理解していなければダメだ。

そして次の世代に、何かを守るために、今の社会では何が尊いかを伝え、この国を守り続ける意志を伝えていく必要がある。

第4章

思想を持つ

1. 一生一つのことを成し遂げればよい

第3章までで、時代背景や社会・社会人・会社の定義から紐付いたオーナー経営者の働くこと、経営することの大前提となる原則論を記した。

本章では、その原則論を実践していくうえで必要な思想（考え方・感じ方）を述べたいと思う。

まずは、「一生一つのことを成し遂げればよい」という思想だ。

有名な論語の一節。

子曰く、吾れ十有五にして学に志し、

三十にして立ち、

四十にして惑わず、

五十にして天命を知る。

六十にして耳順（したご）う。

七十にして心の欲する所に従て矩（のり）を踰（こ）えず。

40歳を「不惑」と言うのもここからの言葉だが、天命を悟るのが50歳とある。

この世代になれば、
自分の一生とは何のためにあるのか？

自分は何のために生をもたらされ、何のために生かされているのか？

という使命を考え、生き様として捉え、覚悟ができるものだと私は考えている。

司馬遼太郎氏の小説『坂の上の雲』では、主人公が、「人は一生に一つのことを成し得ればええんじゃ」と言い放つ。

不自由であった明治の頃。若者たちが懸命に坂の上の雲を目指す物語だが、この短い言葉は人間の生き様と覚悟を強く物語っている。

人の一生なんて儚いもの。万人は同じように時間を費やし、同じように死はやってくる。

一生は一度しかない。

ここで死生観を語るつもりはないが、この一度きりの人生をどう生き抜くかは、どの時代にあっても人間の普遍的、かつ永遠のテーマである。

ならば、自分もこのテーマに真正面から対峙し、納得できる人生を全うしたい。そのためには、惑わず、天命を知り、そのための人生を歩むことだ。

それが、自分がなぜ生をもたらされたかの答えであり、生きた証であり、生き様である。

この生き様が、自らの強い軸となり覚悟ができるのだ。

このような死生観から紐付いた覚悟はブレない。

ブレないから強く、しなやかである。

強いからこそ優しくなれるし、人を救えるんだろうと思っている。

オーナー経営者は、社会の公器をマネジメントする大儀を持った高貴な存在であることは前章で述べた。

ならば、一生をかけて成すべき一つのこととは、自社を永続させ、雇用と納税を守り続けることであるのは間違いない。

会社の寿命は40年説とか、30年説とか、今や10年説とか、いろいろ言われているが、どんな会社でも10年あれば、かなり変えられる。30年あれば相当強く次のステップに踏み出せているだろう。

反対に、意志を示さなければ10年で簡単に凋落する。

オーナー経営者といえども、第一線で公器をマネジメントできる時期なんて、せいぜい30年のはず。

それでも、一生をかけて成すとはいえ、老害になってはならない。適切にバトンタッチすることも含めて成すのである。

このバトンタッチ、権限委譲することも含めて、〝成す〟という覚悟を持つことは、かなりの苦難であるはずだ。それでも、自社を永く続けさせるために、私心を捨てて、やり切るのである。

社員が30人でもいれば、その家族も含めた生活を守り、そして市民税や社会保険料を支払い、そのうえで残れば法人税も支払うわけなので、それを数十年継続すれば、ものすごい社会貢献である。

まさに私たちが一生を懸けてプライドを持ってやり遂げるに十分な職分ではないか。

ここが弱いオーナー経営中小企業は、遅かれ早かれ寿命を迎えるだろう。

今までのように、片手間でもうまく会社を継続させられるような時代ではない。20世紀の蓄えもいつかは底をつく。外部環境が変わっているのだ。

ここから先は、本気の勝負。自分との勝負であり、外部環境との戦いである。

人生の目的を、自らがマネジメントする公器の永続だとし、中途半端ではない本気の努力を自らに課すことができるかどうかだ。

「50歳にもなれば、オレは引退するんだ。ハッピーリタイヤだよ」

「田舎でゆったりとした時間の流れの中で、自然に囲まれてより人間的に余生を過ごしたいんだ」

こんな話をされるオーナー経営者がよくいる。

ある程度金銭的にも余裕があるから言えることでもある。

65歳ならまだいいが、50歳でそれはないだろう。考えてみれば目的が違うのではないか？

今の状況がイヤ、あるいは不満だからハッピーリタイヤを目指すとしか聞こえない。オーナー経営者がそんな姿勢で経営する会社を果たして公器と呼べるのだろうか。社員は幸せなのだろうか。

これでは一生かけて成すべきことだとはとても言えないだろう。

今の世の中は、明治の頃のような不自由さはなく、欲求を刺激する物事に溢れ、怠惰に生きようと思えば、それでもなんとでも生きてはいける。

だからこそ一生かけて成すべき一つのことに集中するのが難しいのだ。

死を迎えるときに、「一生かけてやりきった！」と言える、自分自身への納得感を持てる人は、今この恵まれた国にどれだけいるだろうか？

オーナー経営者は、社会の公器をマネジメントするという大儀、すなわち一生一つの成すべきことが、普通に目の前に存在するとても恵まれた環境にいる。

生き様を定め、惑うことなく生き、一つのことを成す。それが社会に役立つことなのだから、プライドを持って成すのみだ。

一人ひとりの力は微々たるものかもしれないが、１５０万人の企業経営者が同じように魂を込めて公器をマネジメントすれば、必ず成果につながるし、全体社会・地域社会・家族、社員など愛する人のために生き抜いたといえると思う。

ブログの渋谷

2010年3月28日

「坂の上の雲」

写真は、旧松山藩主の子孫（久松家）が1922年に建てた「萬翠荘」

先日の四国出張の際、バスの待ち時間が少しあったので、近くにある館までぶらっと坂をのぼって見に行った。ちょうど桜が三分咲きというところで、寒かったがとても天気の良い日。

ここ松山出身の、秋山好古、秋山真之、正岡子規を軸とした小説〝坂の上の雲〟

多くの経営者が座右の書とする司馬遼太郎の長編小説だが、この第一巻のあとがきにはこうある。

〝この長い物語は、その日本史上類のない幸福な楽天家たちの物語である。やがて彼らは日露戦争というとほうもない大仕事に無我夢中で首を突っ込んでゆく。最終的には、このつまり百姓国家がもったこっけいなほどに楽天的な連中が、ヨーロッパにおけるもっとも古い大国の一つと対決し、どのように振舞ったかということを書こうと思っている。楽天家たちは、そのような時代人としての体質で、前をのみ見つめながら歩く。のぼってゆく坂の上の青い天に、もし一だの白い雲が輝いているとすれば、それのみを見つめて坂をのぼってゆくであろう〟

武士道が残る最後の時代に、武人たちが藩から初めて国家を意識しグローバリズムと帝国主義の恐怖にさらされる中、懸命に一途に選択肢のない不自由さの中で、「人は一生に一つのことを成し得ればええんじゃ」とひたむきに坂の上を目指す物語。

松山の地の青空と明治をイメージさせる風景に、少しだけ気持ちが洗われた。同時に、選択肢が多すぎる自由という名の不自由な時代に、坂の上にあるただ一点の白い雲をのみ見続けることの大切さと儚さと滑稽さを少しだけ感じることができた。

2．退路を断つ

前節の「一生一つのことを成し遂げればよい」と同じ意味合いだが、オーナー経営者は「退路を断つ」という思想を日常に持ち込むべきだ。

では、具体的に退路を断った思想とはどういうことで、そこから表現される日常的な言動とはどんなことだろう。

一度きりの人生で、生をもたらされた意味を知り、一つの成すべきことを貫くのであれば、常にその生き様に対して真摯に生き抜かねばならない。

それは会社という公器をマネジメントする大儀を果たすことである。

これは、口ではいくらでも言えるが、どこまで深く生き様として根付いているかが日常に表れる。つまり、その深さが、退路を断った日常の言動として表れるのである。

会社経営は波乱万丈だが（波乱万丈でないのなら、衰退しているとしか思えない）、そんな時の一つひとつの言動に、本当に退路を断っているか、覚悟を持っているかが露呈する。

いわば、本物か偽物かが試されるわけだ。

以下は、知人の会社での話である。

卸売業を営むその会社の方針で、あるメーカーの生活消耗品の拡販を決めた。

全社大号令の下に、インセンティブなども駆使して拡販活動を始めたのだが、しばらくしてメーカーよりお咎めが入った。（まぁ、それ自体がメーカーの公正な取引に対する冒涜なのだが）

その大号令にもとづき、拡販を依頼された多数の傘下代理店は、商流の中で戦略的に市場に販売を進めたのだが、このメーカーのお咎め一つで、一気にそのビジネスが萎《しぼ》んでしまった。

傘下代理店としては、急に商品の仕入れが止まり、スーパーや専門チェーンなどに対して頭を下げる以外にない状態なのだが、その際のメーカーや拡販を決めたこの会社の対応には、全く覚悟が感じられなかったそうだ。

というか、「言い訳」「責任のなすり付け」ばかり…

その卸売会社のオーナー経営者は「オレは拡販をせよとは言ったが、インセンティブの額までは知らなかった。こんな無茶な売り方をしろという指示を出した覚えは無い！」と言い放つ。

梯子を外された管理職は右往左往だが、サラリーマン管理職に事態を打開できるわけもない。そもそも当初拡販を黙認していたメーカーも、実際インセンティブの原資を約束していたわけなので、同じ穴の狢《むじな》なのだが、別の販売会社からのクレームで急遽中止。

ここでも責任のなすり付けあい。

結局、オーナー経営者の部下の管理職が処分されることで一件落着となる。

後日、メーカー、卸売会社の社員、そのオーナー経営者ともに、まさにそれがすべての事実であったかのように、この一件は管理職の独断によるものであったような話をしていたという。

私の知人は、「本当に吐き気がした。既得権益によって商流の立ち位置を約束された会社が、どれだけ腐っているかを思い知った」と述べている。

この登場人物の中に、退路を断った覚悟を持っている人物が存在するだろうか。

そもそも、この卸売会社のオーナー経営者は、なぜ責任を負う覚悟を持てなかったかが不思議である。

「すべては自分の責任である」と覚悟を示すのが筋だし、ノブレス・オブリージュとはそういうことだ。

しかし、その覚悟が無かった。

こんなにも当たり前の判断ができないくらいに麻痺してしまっているのだ。自己保身にしか意識が向かないのだ。中学生でもおかしいと思う、人間としての当たり前の覚悟すら持てずに、社会の公器をマネジメントしているといえるだろうか。この知人は現在転職活動をしている。このオーナー経営者に、そしてこの業界の風土に辟易としているのだ。

この会社は、社員から全く信頼を失ってしまった。

こうやって会社は、自己保身に終始する人間だけが統治し、我欲しか持ち合わせないオーナーが所有する会社に成り下がり、優秀な人材は流出し、弱体化したうえで最後には凋落するのだろう。

そして「市場環境が悪化した。政治の混乱が悪い！」などと他責にするのだ。

20世紀はうまく推進できた事業が、21世紀は音を立てて崩壊している。

この会社は崩壊していく運命を自らつくっている。

すべてはオーナー経営者に退路を断つ覚悟がないからである。

ちなみにこのオーナー経営者、超有名ホテル横に開発されたタワーマンションに住み、そのホテルのフィットネスで汗を流し、有名レストランで食事をし、高級な服を着こなし、いつも「社会貢献」を口にしているそうだ。
結局は偽物である。
すべては低俗な我欲でしかなかったのだ。

私は退路を断つことを深く自分に根付かせるため、自分の甘えにならないように、次の3つのことをモットーにしている。

「貯金をしない」
「家を買わない」
「生命保険に入らない」

オーナー経営者としては、本来はどうかと思うことばかりだが、それでも退路を断つ覚悟のために継続するつもりである。

家族はさすがに批判的だが（笑）、これは貫きたい。
この思想は、次節にて述べる。

ブログの渋谷

2010年2月19日

「情報革命期の生き方」

何度か書いているが、現代は20世紀終盤に起こり、21世紀を席巻し、22世紀のスタンダードである情報通信時代への変革を押し進める「情報革命」の真っ只中である。

私の興味は、この情報革命期における社会・人間・経済・政治などの在り方について、考察することだ。

書き出せばキリがなく、本一冊になるだろうと思っているので、大原則だけ。

IPをインフラとした情報革命がもたらしたものにより、それまで以上に複雑な時代となった。

なぜなら、情報やコミュニティの量は大幅に増え、それらの伝達スピードは地球規模で格段に速くなり、シェアとオープン化が進み、コミュニケーションはインタラクティブに複雑化している。人々の知的欲求は物質欲求と違い限界がないため、ドンドン多様に自律的に進化を続けてしまう。

20世紀までのある程度未来を予想できる難易度とは比較にならない程の複雑さであることは、誰もが認めるところ。

カオス理論では、〝複雑な事象は、どれだけがんばっても未来を予測することは不可能。なぜならば、複雑なものを計算するためには初期値が必要だが、100%正確な初期値の計測は不可能であり、そのためどれだけ精緻な数式を持ってしても、答えは必ず違ってしまう。したがって、複雑な事象における未来（答え）を予想することは不可能〟となる。

おまけに現代は、その精緻な数式そのものも、常に変化を求められている情報革命時代に起こる事象は、前述のように非常に複雑だ。

なので、この時代の未来を正確に予想することは不可能。

非常に不安定な時代である。

この時代における生き方では、「どうせ未来を予想しても、外れるもんねぇ〜」って諦めが必要（笑）
今まで必要と思われていた未来への準備も、常識と思われた予想が不確実になるわけなので、その準備自体が的を外したものになるかもしれない。

じゃあ、未来への不安はどうすればいいの??


不安定な状況がフツーであって、安定していることが危険だと感じるセンスが必要だろう。

過去より、農耕を行ってきた民は安定を望んだ。

だが、情報革命期には、将来への不安定であることの不安を、成長のエンジンと捉え、一度きりの人生、常に退路を断ち続ける生き方をフツーと感じれることが重要だ。

私の実践は、「貯金しない」「生命保険に入らない」「家を買わない」ってことになる（笑）

正直…ちょっとめんどくせぇ…　^^;

3. 持つことの不自由、持たないことの自由

「貯金をしない」

『オーナー経営者としては、万が一のための蓄えとして、そして個人保証のためにも、普通は、まず貯金を個人でやっておかないといけないだろう。』

と、考えるのだろうが、本当にそうだろうか?

私利を考えずに、すべてを会社に残しても何の問題もないではないのか。

税金のことについても、法人税も所得税もオーナー経営者の一般的な所得であれば、どちらで受け取ろうが一緒である。(こういう考えはダメだが…)

お金を個人で持ってしまうと、ついつい別のことを考えてしまうものである。

その考えがギリギリの状態での振る舞いに表れ、甘えにつながる。

個人としてお金の余裕があるから、大変なことが起こったとき、しんどい会社経営から逃れようとする気持ちがどうしても湧いてしまう。

人間なんて弱いもの。持っていることで、それを守ろうとするのだ。

会社という公器をマネジメントすることを生き様とするなら、ギリギリの状態であっても諦めずに覚悟を持ってやり抜くしかない。

ギリギリとは、経営状態が悪くなって倒産目前という状態ではない。

以前から覚悟を持ったマネジメントをしっかり行っていれば、なかなかそう（倒産）はならない。

なので、日常業務の中でギリギリの判断が求められるような状況での話である。

また貯金をしないので蓄えがないため、毎年毎年徹底的に付加価値にもとづいた適切な利益を得ようとする。

プロ野球選手と同じで、ここもプロとして真剣勝負である。

これも一つの退路の断ち方だと思っている。

「家を買わない」

これは換金可能な資産を個人で持ってしまうことで、心のどこかに甘えは生まれないだろうかという発想だ。

私は自分の弱さを知っている。だから、自分を常にギリギリの状態に追い込んでおかないと、すぐに甘えが出てしまうのだ。

家の場合には、住処の流動性が無くなるという問題もある。

20世紀は良かったが、大きな変化が付きまとう21世紀に、一所に住み続け、その地域に根ざした事業だけでなんとかなる可能性は低くなる（もちろん地域に根ざし続けることが大切な事業もあるが・・・）。

そのような場合、住処を変えてでも勝負しなければならないこともでてくる。しかし、家があるから今の場所を離れられないなど、事業とは関係のない理由が判断基準に加わってしまうことを避けたいのだ。

これこそ、持つことの不自由である。

あとは別の視点だが、不自由で小さく狭い家がいいと思っている。

実力も無いくせに、広くて快適な家に住んで勘違いしてしまうより、不自由なほうがよほどいい。私は少し前まで、家族４人で２ＬＤＫの平屋に住んでいたが、どこに居ても家族の声が聞こえるってのもいいものである（笑）。

「生命保険に入らない」

これは個人としての加入の話であるが、病気できない、死ねないと強く思っていれば、思いは体にも通じるんじゃないかと（笑）。

生命保険というモデルそのものが、これからの時代通用するのか？　という疑念もあるが、すべては自然の摂理に任せて生きると思っているほうが、覚悟ができてよい。

何でもそうだが、先々への不安を解消するものというのは、今の自分を弱くする。

ブログの渋谷

2009年9月21日

「三信条」

(1) 家を買わない
(2) 貯金をしない
(3) 生命保険に入らない

信条なんて言えるもんじゃない、ちょっとネタ系だけど、これは本当に大事だと思っている。

まず、将来が見えないから家を買わないではなく、家とか土地があると〝それがあることのリスク〟をまず考えてしまう。

思い切ったことをする時に、「家があるから」というのが理由の一つとなって踏みとどまることになってはあまりにバカらしい。

落ち着いてしまうと、知らず知らずのうちに〝守ろう〟という意識が芽生えて競争力を失うもの。
※これは余談だけど、今現在は2LDKの賃貸に住んでいて、お隣が周囲に相当な土地を有する地

主の家。

まぁ、これだけの住宅地に何坪あるんだろう？　と思うほどの大豪邸。

お隣だしってことで引っ越してきたときに挨拶に行っても、「うちはそういうのはお断りしてます！」ってインターホン越しの冷たい返事。

我が家の前の空きスペースでボール遊びをしている子どものボールが敷地内に飛び込んだけで、怒りの連絡が…しかも不動産業者経由で（笑）

何を守りたいのか、高い塀の上は剣のような侵入防止柵でズラッと取り囲んでいる。

一般的には長者番付に載るような人なんだろうけど、それって何か意味ある？？

守ることに必死で、こんなことばかり考えてる奴が成長するはずもない。

貯金も同じような意味合いかもだけど、まぁ必要最低限は経営者だし要るんだけど、不透明な将来のために積極的に貯金をするという意識になってはいけない。

お金は後から必ずついて来るもの。

お金を貯めることが目的ではなく、自分が筋を通した仕事をやり遂げることが目的で、その結果としての報酬がある。

また、お金を貯めてしまうと、必ずしんどくなった時に諦めが少なからず生まれやすい。

自分は意志が結構弱いので、徹底して自分自身に言い訳できない環境をつくっていく。

３つめの生命保険は、皆から「これだけは入ったほうがいい…」と言われるが、まぁ何とかなるっしょ。

だって、預けたお金がプラスで運用されない限り、どう考えても人口減・マイナス成長時代には成り立たないのでは？　と思っているので。

まぁ、そんなに単純じゃあないんだろうけど、これもギリギリで退路を断っていたいことの表現であり、筋の通し方。

笑われるようなことばかりだけど、不透明な将来だからこそやるべきことは自分自身の成長以外にはなく、〝それがあることのリスク〟のほうが、個人的には〝持つことの優位と安心〟よりも大きいと思っている。

わが国の高度経済成長時代に先輩方が、何もないところからこれだけの復興を遂げたことを思えば、必要最低限のものは持っているし、環境は恵まれている。

これで将来を不安がって蓄えてるようじゃ、弱気すぎるだろう。

素の自分を強くするために、重要なのは今現在だ。

ここまで何度か既得権益に潜むリスクについて述べてきた。

これも、持つことの不自由、持たない事の自由につながる話である。

既得権益は、たしかに安定的に収益を得る手段になり得る。

誰もが、結果的に権益を手にするために本物の努力をし、それを勝ち得ることで報われる。

しかし、勝ち取った後に、その恩恵を受けることを仕事にする人は、どうしても甘えが生まれる。

恩恵の享受を継続する努力はたしかに重要だが、相対的には特に20世紀の既得権益を持つことがリスクになっているケースが多くなってきた。

なぜなら、グローバル化、内需競争激化、情報通信革命、コンプライアンス、取引の透明化…など、外部環境が大きく変化しているので当然である。

このリスクは、「人材の成長が進まない」「組織に甘えと本業とは関係のない価値基準が蔓延する」という、会社にとって最も重要な人財・組織という資源を蝕むものなので、非常にタチが悪い。

水は澱んではならず、常に流れていなければ汚れてしまう。

既得権益事業でも、常にイノベーションを育む風土を培っている会社もたくさんあるが、残念ながらそうではない会社も多い。

20世紀には良かったとしても、時代の変化とともに本来市場の原理としては変わらなければならないはずなのだが、既得権益を持っていることでそれを捨てて変わる本気の勇気が持てず、守り一辺倒になってしまうことが問題なのである。守ることに終始していると、イノベーションはなかなか生まれず、後ろ向きな仕事になる。

それでも社員は言うだろう。「生きていくため、会社のためには、理不尽なことでもプロとして我慢してこなさなきゃいけないんだ！」と。

オーナー経営者は、社員にこれを言わせてよいのだろうか。

恐らく、既得権益を捨てる判断も、それを前提に社内にイノベーションを育むという判断も、オーナー経営の中小企業であれば、オーナー経営者にしかできないだろう。

事業にはフェーズがあり、それによるポートフォリオが重要だ。

プロダクトや事業には必ずサイクルがある。いわゆる、「導入期→成長期→成熟期→衰退期」というサイクルである。

現在の事業を外部環境、内部環境、競合、技術革新などの視点で客観的に判断して、どのフェーズにあるかを読み解くことは、とても大事な作業である。

既得権益でいくら今は順調でも、将来の利益まで想定したうえで次への準備が必要な場合はあるだろう。

この準備は、現在の既得権益事業の周辺で十分だと思うが、少し視点を変えて見てみると、まだまだイノベーションの機会はあるものだ。

何事にも必ず終わりは来る。そこで、既得権益事業が成熟期～衰退期に移るフェーズなのであれば、導入期の事業を本気の覚悟をもって起こすべきであろう。

イノベーティブな風土を育むことで、社内に活性をもたらすのだ。

そして、持っていることによる不自由から解放されなければならない。

持たないことで自由な発想によるイノベーションを目指さなければならない。

真の安定とは、イノベーションの連続によってもたらされるものなのだから。

ブログの渋谷

2011年2月9日

「盛者必衰の理をあらわす」

〝持つことのデメリット・リスクと持たざることのメリット・チャンス〟という考え方を私はよく話す。

何事も〝おごれる人も久しからず〟である。

高度経済成長期には持つことが優位であると考えられたが、今はハッキリと違う。

持つことで守ろうとする意識が芽生え、過去の成功経験から逃れられなくなり、そこに集う人の成長を阻害し心を蝕む。

持たないことで、常に退路を断った姿勢を貫け、だから努力もし成長もし、変化を恐れず負荷にも強くなれる。

これは絶対的な真理である。

なのに人は弱い。

悲しいほど弱いので、守ろうとするし変わらないでいようとする。

見た目楽な方向へ進んでしまう。

困難な第一歩を自らの責任で踏み出すことを恐れる。

しかし、持っているものは必ず失うことも正しい。

常に無常である。

これが右肩上がりの時代には、まだ長く持てたかもしれないが、内需マイナス成長時代の難しい時代に、そもそも守りきれるわけもない。

ならば、守ろうとせずに納得のうえで攻めて攻めて結果的に守れた…が一番自然だ。

同じく攻めた結果新たな価値を手に入れることもできる。

そして攻め続けた結果、手にする一番の価値は「絶対的な成長」だ。

これだけは、経験しなければ手にすることができない。

自らが成長すれば、今まで守ろうと思っていたものの価値が極めて無価値に思えることも多く、新たな価値が見えてくる。


盛者は必衰なのだ。

一生一度きり。

無常を常として、ただひたすら攻め抜くことを生き様としたい。

4. 凡事徹底

オーナー経営者も人間なので、どうしても我欲がある。

というか、恐らく相対的に我欲が強い人のほうが多いのではないかと思う。

モチベーションの源泉としての我欲は、とても大事なことだ。

しかし、それだけでは社会の公器をマネジメントする立場としては不十分である。

米国の心理学者アブラハム・マズローは、生理的欲求や安全欲求など低次の4段階の欲求を「欠乏欲求」とし、これらよりも高次の欲求を「自己実現の欲求」と定義した（マズローの欲求段階説）。

学術的には賛否両論あるだろうが、ここでは実証などではなく、概念的に捉えてみたい。

この自己実現の欲求とは、自分の持つ能力や可能性を最大限発揮し、具現化して自分がなり得るものにならなければならないという欲求であり、すべての行動の動機となり得るものである。

したがって、オーナー経営者の我欲とは低次の欠乏欲求であり、それよりも高次の自己実現の欲求こそが、一生を懸けて生き様を全うしようとする欲求だといえる。

各界で成功している人や輝いている人は、皆この自己実現の欲求が動機になっているのではないだろうか。

それによって、自分の生き方に納得できることが、まさしく成長欲求である自己実現の欲求が満たされている状態だといえる。

だが、この状態を維持できる人は、そう多くはないだろう。必ず、尊敬されたいと思う尊重の欲求や他者に受け入れられたいという所属と愛の欲求などに支配されそうになる。

特にオーナー経営者は、孤独であることの不安感から不適応を感じるケースも多いだろう。そうなると、公器をマネジメントし続ける日常の判断に別の属人的な視点が入ってきてしまう。

〝ブレる〟ということだ。

低次の欲求とは、自己実現の欲求が満たされたときに、後から自然についてくるものだ。いわゆる先義後利の思想である。覚悟が浅いと、どうしても我欲が先に出て、間違った方向に向かってしまうのだが、ここが本物か偽物かの境目だと思う。では、どのようにすればいつも高次の成長欲求に支配されて、常に自己実現を目指すことができるようになるのであろうか？

その答えは多様で簡単ではない。

しかし、一つだけいえることがある。成功している人、輝いている人、自己実現の欲求を満たしている人を思い出してもらいたい。

彼らは必ず一つのことだけを成すことに今を賭けているはずだ。

そして、そのためにしっかりと準備をし、基本を繰り返し行い、ギリギリの勝負を何度も何度も経験し、失敗し、そのうえで成長を続けている人たちである。

それにより確固たる自信が湧き上がり、ブレない生き様を体現できる。

俗に言う「持っている」とは、こういう人のことをいうのだと思う。

持っている人は、精神がブレないから、ギリギリの勝負でも自信を持って臨むことができ、それがまた結果へとつながる。

これが迫力のある生き様であり、胆力ともいう。このポジティブな成長へのスパイラルが、自己実現欲求の昇華であろう。ここで大切なのが、「準備をしっかりやって、基本を繰り返す」ことだと思っている。

いわゆる凡事徹底だ。

私自身は、この「持っている」になりたいと思っているが、自分の自信の無さから、どうしても弱さが顔をのぞかせて失敗してしまう。だから、凡事徹底！　その過程で成長し、自信を育むしかないと思っている。

多くの成功者、スーパースターが皆同じように成功の秘訣を語る。

「毎日毎日習慣として基本を徹底して繰り返すことだ」と。

自己実現の欲求を満たすためには、低次な欠乏欲求（例えば、遊びたいとか楽をしたいとか…）に支配されず、ストイックに自分を変えて日常と向き合わなければならない。

当たり前のことを当たり前にできずに、ウルトラCができるはずもなく、成功するはずもない。

能力として早い遅いはもちろんあるが、一生を懸ける気があれば必ずできる。

そして、オーナー経営者であれば、日常の中で甘えを払拭し凡事を行い続けられるだけの精神が必要であり、その源泉が、社会の公器をマネジメントしているという大義であるべきだ。

ブログの渋谷

2011年5月11日

「優秀な人」

「優秀な人」「できる人」って世の中には結構いる。

もちろん100%完璧なんて人はいないが、何かの切り口で優秀であったり、全般的に平均以上の能力を有していたり…

では、そういう人ってどうやって優秀な人材になれたのか?

これっ答えは絶対に一つ!

〝トコトン目標に向けてシンプルに努力する〟ことをやり続けられるっていう才能・素養・強さを持っている人

ってことだ。

この「努力を継続できる才能」って言葉には深い思考がある。

・まず明確な目標が持てるってことの大切さ
・本質とは関係の無い個人のくだらないプライドなど欲求が邪魔をしないシンプルなプロ意識
・やり続けるだけのモチベーションの源泉を心の中に持てる覚悟の強さ
・これらすべてを素直に信じきれる純粋な心

もちろん、論理思考や情報収集術、コミュニケーション能力、そもそものインテリジェンスなど、この過程に影響を及ぼすものはたくさんあるが、それらはあくまでも速度を上げるためのパーツに過ぎない。

そういうものがいくらあっても、「努力を継続できる才能」が無ければ全く無意味であり、場合によっては逆に胡散臭く、人を騙してしまうツールになる場合すらある。

目に見えて「成長した」と感じられる人材は、皆このような才能・素養・強さを見せている。

モチベーションの源泉はどんなことでもよい。

見栄でもいいし、金でもいいかもしれない。

あまりのコンプレックスや、怖がりってことが源泉になる場合も多い。

もっと高度な自己実現の欲求なら言うことはないし、死生観に繋がれば怖いものは無い。

いずれにせよ、自己の感性に紐付いて揺るぎのないものであればあるほど、この源泉は磐石だ。

まずは何事も継続である。

「凡事徹底」とはそんな成長のためのツールとして捉えている。

努力を継続できる才能・素養・強さを今一度私自身も考え抜いてみたい。

ブログの渋谷

2010年2月9日

「真理!」

組織を運営するうえで、絶対の真理はいくつかある。

(1)統制無ければ組織は統治できず。統治できないものは組織とは呼ばず。

(2)人柄の良さや優しさでは統制は効かず。会社を潰す社長の大半が遊び人の浪費家ではなく、優しくて人の話をよく聞いて優柔不断な人だ。

(3)プライドや私利は仕事にモチベーションとして必要だが、ある程度の役にはつけても、それ以上の大役は任せられない。

(4)どれだけ偉くても、凡事徹底！　権威は必要だが、それは決して理不尽な偉さによるものであってはならない。

(5)トップが判断を迷わないことが筋を通すということ。その判断を正当に保つために人の倍は働き、人の何倍もの情報を収集し、人の何倍もの人と会い、部下の何十倍何百倍もの責任を感じよ。

(6)情報はすべてを決する。報告連絡相談は、上位に立つ者ほど意識しなければならない。

(7)任せる！　は、任せられる人材の場合にだけ通用すること。適任ではない人材に任せた時の不幸はすべてを台無しにしてしまう。その任命も含めてトップの責任。

(8)現場を知らずしてマネジメントはできない。しかし、現場偏重でもマネジメントは偏る。すべてはバランスだ。

(9)１００％全員が同じ方向を能動的に向いて組織が運営されることはあり得ない。20％が能動的に必死で同じ方向を向くことで、80％が受動的にその方向へ小さな歩を進めるもの。

(10)危機感は成長のための重要なファクター。同時に足元をしっかりと見つめることを怠ってはならない。しかし、臆病と見られてはいけない。突破すると決めた時の胆力がなければならない。

(11)先天的に組織運営者になり得る素養を持った人なんて極々わずか。そのほとんどが後天的にその素養を努力とセンスによって勝ち取るもの。ここにはウルトラCはなく、日々継続的な努力の積み重ねと負荷以外には成し得ない。

(12)何でも言うことを聞く部下、意見を言う部下、主張をする部下、何も言わない部下、多様な人間がいて当たり前。何を見るか？　どこを見るか？　に筋を通せば上っ面の薄さはすぐに見通せる。表現ではなく本質を見極める。

(13)組織の大儀↓目的があり、目標↓戦略分析↓実行↓評価↓報酬で運用し、その過程でしっかりと負荷を与え、さらに成長を求め次の目標を与える。このサイクルをプロとしてドライに運用して初めてウェットで緩い精神面での人間関係が成立する。プロとしての厳しくドライな運用なしにウェットな運用をすれば、組織は最後には瓦解する。

(14)組織運営者に適さない人とは、「妬み、嫉妬心の強い人」「見栄、虚栄心の強い人」「拗ねる、感性が幼稚な人」「異性からモテナイ人」「視野の狭さ、客観視できない人」「優柔不断で中途半端な人」。これらのいくつかは、組織運営者に必要な適性となることもあるが、それも踏まえたバランスがあることが重要。

(15)最後は、メンタルタフネス！元気！強さ！

できてないことだらけ…反省。

知ってることとできることとは別物ですわ（笑）

まだまだ未熟なんで、ガンバリマス！

5. インターネット思想～21世紀に生き残るための大前提

21世紀に会社を社会の公器として永続させるためには、人として、社会の一員として、オーナー経営者としての普遍的な思想に加え、これから述べる思想が必須である。

正解は現在その渦中にあるので、未だ現代を「情報通信革命期」と捉えるだけの確固たる定義には至っていない。しかし、20世紀最後の10年から21世紀、そして22世紀へとつながる１００～２００年は、後年必ず「情報通信革命期」であったと定義されるはずである。もしかすると「インターネット革命」なのかもしれないし「情報革命」かもしれないが、ＩＰの世界も含めた情報通信技術による価値の転倒を革命と呼ぶことになるということだ。

18世紀から20世紀を「産業革命期」と広義に捉えるなら、情報通信革命は次代の革命期といえる。革命と言うからには、単純に「工業化を遂げた」などではなく、それによる社会全体への影響の大きさが必要だが、産業革命期には「人口増」「都市化」「独占資本の誕生」「帝国主義の台頭」など、多様なインパクトを生み出している。

では、20世紀終盤から22世紀にかけて起こる「情報通信革命」とはどういうものなのか？

そしてそれは何をもたらすのか？　について考えてみたい。

前述の通り、情報通信革命とはインターネットを中心とした技術転換であり、それに紐付く思想の変化である。20世紀最後の10年から21世紀初頭の10年の計20年間に、社会に何がもたらされたかを考えてみていただきたい。

「コミュニケーションコストの低減による情報収集のスピード、量の激増」「生活利便性の大幅向上」「すべての取引のグローバル化、高速化」「コミュニティ生成と社会共生モデルの創発」「マスからパーソナルへの変化」「民主化の加速」…まだまだ挙げていけばキリがないほど、この20年間で時代が大きく変化しているのだ。まだ情報通信革命のほんの入り口にすぎないにもかかわらずである。

私自身、１９９０年当時と比べると生活スタイルは一変している。

まずは、コミュニケーションのあり方が格段に変化した。それまで相対での会話、電話、ＦＡＸであったものが、メール、ＳＮＳ、チャット、スマートフォンといったＩＴデバイスに置き換わってきている。また情報収集の手段はＴＶ、新聞、ラジオ、雑誌であったが、今は、webサイト、ＳＮＳ、メール、ネットコミュニティがメインとなっている（もちろん紙の新聞は大事だと思っているが）。

リアルな店舗で購入していたモノも、感覚的には50％程度はインターネットで購入するようになったし、交通機関のチケットやホテルの予約などは１００％ネットで行うようになった。仕事上でも、データ交換をＩＰネットワークで実現できるので、商取引のかなりの部分は広義にインターネットで行われており、事業は拡大しても、間違いなく電話の本数は劇的に減少している。金融系の取引もすべてネット経由で可能になったし、引越しの際の公共手続などもすべて同様である。

これらのインターフェースとなるデバイスが、パソコンだったり、タブレットだったり、スマホだったりするわけで、多様なデバイスはその特性に応じて使い分けられていく。この20年間は、まだ変化が起こり始めたところであるが、それでも生活はこれだけ変化している。

すなわち、スマートデバイスをコアとしたスマートライフである。

そう、「革命」の話だ。

生活利便性が向上しただけでは革命とは呼べないが、こういった変化が何を社会にもたらしたか？　少し前に起った大きなインパクトといえば、北アフリカ・中東諸国の民主化であろう。その情報インフラの一つとなったのがＳＮＳなど、要はインターネットである。

これが無ければ、恐らくこのタイミングでの民主化は成し遂げられなかったであろうというのは周知と思われる。

たしかに、先進国によるＳＮＳでの扇動説などもあるだろうが、実際にＳＮＳを媒体にして広がったことも事実である。わが国においては、２０１１年3月11日の東日本大震災である。私は１９９５年の阪神淡路大震災の際に救援物資の仕分け作業のボランティアで現地に入ったが、その時と今回とでは、ボランティア情報にせよ、救援物資の送り方にせよ、さまざまな面でインターネットがインフラとなって秩序立っていることがわかる。

また、そこから生まれる「社会共生のコミュニティ」も、民主化の本質を感じさせるものだ。グローバル化の進展に伴う産業構造の変化も、結果的にその変化に遅れた国の国内空洞化を招いたり、社会そのものへの影響は大きいが、ここでもインターネットによる情報伝達のスピード向上やオープン化など、グローバルな情報のやり取りを可能にしたことが大きいはずである。これが革命と呼べるだけの長期間にわたって続けば、人口問題、産業構造の変化、国家としての成長性の違い、社会秩序の変化、民主化の進展、国家間勢力図の変化…いやいや、ここで私が述べるような話でもないくらい圧倒的な変化が予見される。

それらはもちろん100%とは言わないものの、一定の影響度でインターネットの思想・仕様によってもたらされているからこそ、情報通信革命と呼ぶに相応しいのだ。

では、そのインターネットの思想・仕様とはどういったものなのか？

「オープン」「フラット」「インタラクティブ」「スピード」「グローバル」「シェア」「自己責任」…

IPの基本技術はすべてオープンなものであり、相互に共通のプロトコルにもとづき接続しあう、フラットで責任主体の無い、ある種ボランティアな思想が根底にある。

フリーの概念やシェアするという意識なども、インターネットの隆盛とともに育まれたものである。初期の頃には、限りあるネットワークトラフィックを皆が活用できるようにと、「メールシグネチャーは3行以内…」などと言っていたのも今では懐かしい話であるが、そういう「お互い様」の思想が根づいているのがインターネットだ。

同時に技術仕様的にも双方向性のあるメディアであることがコミュニティを創発したわけであり、地球の裏側ともほぼタイムラグ無くリアルタイムにコミュニケートできることも、グローバル化の進展、取引の進化に大いに役立っている。

また、インターネットは当初から「自己責任」の概念が徹底されていた。

言い訳や他責ばかりではインターネット・コミュニティから追い出されるわけだし、インターネットワーキングの技術要素そのものが、まさしく自律性と自己責任そのものといえる。

自分のことは自分で責任を取るという考え方は、ここ20年でかなり浸透したと感じている。

全体を統治する強い主体が無いにもかかわらず、個々の力が集結することでこれだけのネットワークがわずか20年で生活を一変させ、仕事を効率化させ、国家を転覆させたのである。

ここまで、情報通信革命といえるだけのインパクトがインターネットにはあること、そしてそれはインターネットの思想や仕様を紐解き、ここ20年の間に起こったことを検証すれば自ずと理解できることを述べた。革命と呼ばれるくらいの価値の転倒が起こるので、こういう思想の本質を理解したうえで、日々のマネジメントに活かすべきである。

本書はその分野の専門書ではないが、この「インターネット思想」はオーナー経営者にとって、21世紀を生き抜く大前提の思想であると考えておいたほうがよい。

ブログの渋谷

2006年3月11日

「The Internet」

インターネットを考える時、今でも根底にあるのが、村井純先生の『インターネット』という本である。岩波新書から1995年に発刊されたが、その当時村井先生に読者からのメールっぽく感想を書いたら、お返事をもらったのを覚えている。

現在の会社を設立したきっかけとなった本といっても過言ではないかもしれない。

残念ながら、誰かに貸して返ってきていないようで、探しても見当たらない。

私自身はもう少し別の解釈も含めて、インターネットは欧米型グローバリズムのインフラストラクチャであり、日本的には構造改革のツールであると昔から言ってきた。

〝自己責任〟〝フラット〟〝スピード〟〝インタラクティブ〟〝オープン〟〝グローバル〟など、インターネットが持つ仕様や思想が、社会の構造を変化させてきているのは明白である。

インターネットのお陰で、情報公開と透明性が叫ばれるようになり、コンプライアンスが重視され、個人投資家が増加し、個が保有するリソースが適切に評価され始め、メディアの在り方が圧倒的に変化し、通信コストが格段に下がった。

これがわずかここ10年の出来事である。当たり前のように日常を過ごしているが、このブレークスルーをしっかりと見極めているかどうかは、これからの10年非常に重要だ。

上述の仕様や思想を個々に検証すると、インターネットが単なる通信インフラではなく、変わり行く時代のある種のフィロソフィーであるかのようにも感じる。

18世紀、英国を中心とした西ヨーロッパで産業革命が起こった。大きな意味で第一次産業から第二次産業への変遷であろう。その後、第三次産業が脚光を浴びるようになり、さらに第四次産業？として〝知識集約型産業〟等として取り扱う論調まで出てきた。

「情報革命」などと言われて久しいが、たしかに後世、今の時代は一つのパラダイムシフトが起こった時代として、取り上げられる。

そんな時代を生き、そしてしっかりと社会に活きるミッションを実践するためには、根底にある「インターネット」の仕様や思想に立脚した事業を実践することが重要である。

そしてもっと大切なことは、人間主義を原則としながら、インターネットを活かすことであろう。

6．座して死を待つより、攻めて勝ち取れ！

厳しい見方？　かどうかわからないが、私自身は２０５０年には、このまま行けば国内の会社数は１００万社を割り込み、下手をすれば70万社程度になっているのではと考えている。70万社といえば今の半分の水準だが、勝ち負けがハッキリする中での淘汰により集約されていくと考えれば、付加価値度の向上はあれど、労働人口の推移を見れば減少は免れない。おまけに、海外への流出に歯止めはかからず、国内の産業空洞化に大きく影響するのは必至だ。

ＮＴＴコミュニケーションズが、欧州への本社移転を本気で考え始めたとの報道が流れ、砦であるトヨタ自動車も、国内に生産ラインがあってもそこで使う部品の４割は海外で生産されているものを輸入しているという状態だと聞く。

グローバル企業が日本に留まる理由が、ますます薄れている。

国内人口は減少、会社も減少、労働力も減少、それによる内需マイナス成長…

普通に考えて、内需中心の国内のオーナー経営中小企業は過去に経験したこともない厳しい時代に突入する。

では、私たちオーナー経営者はどうすればこの難局を乗り切れるのであろうか？

本章では思想面を述べているので、ここでも概念論を中心に考えを記したい。

まず、座したままでは死んでしまうということを理解することだ。

人間は、本気でイメージできないことについての行動は必ずといってよいほど弱くなる。

まずは、座したまま生き永らえることは不可能であるということをロジカルに分析し、可視化し、腹の底に叩き込むことだ。

もちろん、その時間軸は保有するリソースや立ち位置、強みなどによって全く異なるが、いずれにせよ外部環境が厳しくなることくらいは誰でも想像できる。その中で、この時間軸をハッキリとイメージすることが大事である。そして、10年20年というタームで戦うことを設計するのだ。そうすると、必然的に今日何をすべきか？ が見えてくる。

そう、今この瞬間からモチベーティブに戦う意欲が持て、それを継続することは可能なのである。

簡単なことである。

「座しては死を待つのみ」がロジカルに納得できれば、社会の公器を永続させる大儀を持つ私たちは、死なないように努力するだけだ。1年で何とかしようと思う必要はない。健全な会社であれば今ならまだ間に合う。その時間軸を定め、基礎となる凡事をしっかり徹底しながら、戦いの設計図を描き、日々実践し続ける。何も変化しなければ死んでいくだけというのなら、この戦いとは生死を賭けた戦いであり、必然的に何らかの変化を求めるものとなる。

水は一所にとどまれば必ず澱む。キレイな水であり続けるには流れが必要だ。流れとはイノベーションである。すなわち、この戦いに勝つためにはイノベーションを育む以外にはないのだ。イノベーションといっても、技術革新的な意味合いだけではない。日常業務の細やかな業務改善活動であってもイノベーションと呼んでよい。小さくても新たな切り口での改善活動が、やがては社会に価値を創出できる礎になるのだ。創造的破壊の嵐を巻き起こすのだ。〝馬車をいくらつないだとしても、決して鉄道にはならない〟ということだ。

20世紀には動かないこと、変わらないことが安定のためには大切だったかもしれないが、21世紀には変化すること（その過程で失敗してやり直す経験をすること含めて）こそが、安定の条件である。したがって、安定とはイノベーションの連続からしかもたらされないということを、強く理解することが大事だ。

そもそも「安定」という言葉が持つイメージを変える必要がある。

なぜなら皮肉なことに、安定しようと思えば変わるしかないのだから。

また、ビジネスでの戦いにはタイムアップがない。これは、かなり有利ではないだろうか（笑）。やめなければ負けないのだから。

そう、勝つまで続ければよいのである。戦いのマイルストーンには失敗も想定しておく必要があるが、10年もあれば、必ず勝つことができるものだ。

とはいえ、10年間厳しい環境の中でイノベーションを続けることは並大抵ではない。まずはオーナー経営者が生き様としての覚悟を持つこと。これが無ければ何も起こらない。そのうえで、イノベーションが創発される仕組みを社内にもたらすことである。

これも言うことは簡単だが、実践するのは相当難しい。だが、時間をかければ絶対にできることでもある。

組織と人の成長を育む風土を醸成し、根づかせることが大事なのだ。そのためにはギリギリの状態で徹底して挑戦する姿勢を大切にすることである。

また、挑戦できる人材を登用することだ。

最初は失敗もあるだろう。しかし、その失敗を経なければ成長は無い。

その過程及び失敗という負荷に耐え、耐性を得たうえで、イノベーションの創出に自信が持て、楽しめる人材をどれだけ組織化するかである。繰り返すが、10年あればなんとかなる。

オーナー経営者は、厳しくても、この失敗も含めた過程を、最後の最後で許容し続ける度量を持たねばならない。それが、覚悟の深さなのだ。

まずは、オーナー経営者が覚悟すること、そして、自社の環境、外部環境、資源、強みなどきっちりと検証して、5年、10年、20年スパンで戦うための設計図をロジカルに描くことだ。これはすぐにも実践できることである、まずは基本を日々やり続けることから。凡事徹底である。

凡事を継続できる強さも、覚悟から出てくるものであり設計図があるからこそである。自分ひとりで実践するわけではない。組織が同じ設計図を見ながら目標に向かうことが必要であり、そのためオーナー経営者はイノベーションを生み出す風土を育む必要がある。

これらのピースがしっかり揃うことで、戦いに勝利することができるのだと思うし、死ぬことなく、社会の公器としての大儀を果たすことができるのだと思う。大変な道程だと思われるかもしれないが、戦国時代のように命を取られるわけじゃない（笑）。

これを実践することで、自己が成長できることを楽しむことだ。それによって自己実現の欲求を満たすことになる。私の周囲でも倒産や廃業した会社は、ここ10年の間だけでも20社はあるだろう。

今思い返せば、各々に原因もマチマチだし、多様な要因はあるにせよ、戦うために必要などこかのピースが欠けていたように思う。

なかでも、決定的に欠けていたのは〝覚悟〟ではなかったか。

これはやはり真理である。

私が社会人になった頃、先輩たちは「モーレツ」に働いていた。ちょうど団塊の世代の先輩方と、終戦を幼い頃に迎えたもう一つ上の世代の方々だ。

この先輩世代は、たしかに外部環境がプラスに働いたとはいえ、私の印象ではもうメチャクチャ働いていたように思う。高度経済成長期を支え、今のわが国の礎を築いてくれた世代である。先輩方から労働問題とか、パワハラ、セクハラとか、うつ病とか、そんな話は聞いたこともなかった。当然のように懸命に無心に働いて、そして豪快に遊んでいたように思う。もちろん皆が皆そうではなかったのだろうが、相対的には私たちの世代より逞しく、行動力があり、強さがあった。戦争、そして終戦後の復興、経済成長と、ものすごい時代を疾走した世代だから、その強さ・逞しさは当たり前といえば当たり前なのだろうが、それを差し引いても凄みはあった。

では、現在のオーナー経営者世代はどうだろう。

若くして世襲で社長を継いだり、ベンチャー創業社長なども多い20～30才代の社長たち。私もここに属するが、高度経済成長をギリギリ体験した40才代。団塊の世代の一つの下の世代で、バブルの恩恵を全身で受けることができた50才代。まだまだ現役の60～70才代の先輩社長も多いだろう。前述のようにモーレツに働き、凄みと強さのあるオーナー経営者はどれだけいるだろうか？　また、このモーレツさを持ちながらも、21世紀型の思想・スタイルへ変化を遂げているオーナー経営者がどれだけいるだろうか？

20世紀には成功を収めた先輩方の中でも、その手法へのこだわりや成功体験から抜け出せずに21世紀に閉塞感を持ち始めていないだろうか？

あるいは、多様な欲求を満たせることから覚悟が浅くなっている経営者も多いのではないだろうか？　小手先のテクニカルな経営技術は、20世紀の経営者よりも現在の経営者のほうが確実に進んでいると思うが、思想や覚悟を含めた壮絶さ、迫力では遠く及ばない。

実は、先に必要なのは思想であり覚悟である。

20世紀の経営者と同等の凄みを持ち、かつ情報通信革命期である21世紀型の思想も身につけ、さらにテクニカルな技術も身につけていなければ、外部環境が圧倒的に不利になる、これからの時代を行き抜くことは困難だと感じている。

ブログの渋谷

2011年4月7日

「モーレツ！」

私たちが働き始めた1980年代初めの頃、当時の先輩方は「モーレツに働いて、モーレツに遊んでた」ような気がする。

また、会社に強いコミュニティであり、無縁社会などと言われる昨今とは違って〝社縁〟が強かった。土曜日も完全週休二日制ではなく、確か半ドン（死語…笑）ってことで、昼で仕事が終わってったのを覚えてる。

案外これも会社のコミュニティを育んでいて、昼で仕事終わってもやることのない若い社員連中は午後も一緒につるんでた^^;

でもほんとみんなよく働いていたなぁ～モーレツに、そして朗らかに。

日本を支えてきた先輩方の姿は、今思えば眩しかった。

その後のわが国は失われた20年を経て、そんな意思を持ったモーレツ社員の姿も少なくなり、20世紀高度経済成長期にモーレツな先輩方が築いた枠組みの恩恵だけで生き延びようとするくだらん他責人間が多くなった。

これこそ、「持つことのデメリット」である。

昨今、こういう過去の遺産に必死にしがみつこうとする会社をよく目にする。

意思を持った方もいらっしゃるが、もはや会社の根底に根付く風土はどうやっても変わりようがないと感じる。

会社の環境と風土が言い訳を許してしまっているわけだ。


また30年前との大きな違いに労働行政がある。


私も含めモーレツに働こうとすると、すぐに労働基準法が云々とか…

労働者を保護する法律が、実は一番労働者を弱体化させていることに政府も気づかないと。

そりゃ法律は守らないといけないが、法律が会社を経済をダメにしているこの国の現状はそろそろ打開しないといけない。


私たちは次の世代にどんな風に見られているんだろう。

若い社員に納得と満足を提供できているんだろうか。

私の信念だけはハッキリしている。

何においてもベンチャー精神で、メリハリを持って明るく朗らかにモーレツに働いてモーレツに遊ぶ。そして本質的で強い社縁を育む。

流した汗と涙と履き潰した靴の数は決してウソをつかない。

人は費やした時間と苦労の分、必ず成長する。

そしてそれは会社も同じ。

高度経済成長期よりも、断然将来への不透明感や悲観が見える現代。

ならば、そんなモーレツな先輩方よりも、私たちはもっとやらなくちゃダメだろう。

それが、将来への不安に勝つ唯一の方法である。

第5章

イノベーションを興す

1. 組織と人財が会社を救う

第2章で、わが国の人口問題や内需のマイナス成長など今後想定される外部環境を示した。第3章では、オーナー経営者がマネジメントする会社は社会の公器であること、そして今一度社会のあり方について述べた。

第4章では、そういった基本的な概念を整理したうえで、難しい時代を乗り切る私たちオーナー経営者の思想について記した。私たちが皆社会の公器として永続することが、この国を、地域を、家族を、愛する人を守るという私たちにできる唯一無二の社会貢献であり、生き様である。

そして、本章ではより具体的に、その思想にもとづいて日々何を成すのか？　について述べたいと思う。何もわかっていなかったバカ社長である私が、失敗と成功を繰り返しながら、約20年疾走してきた中で感じたことである。

今現在も、まだまだ発展途上ではあるが、だからこそ、これを記したい。

本章は〝イノベーション〟としたが、これはいわゆるイノベーションのジレンマに陥る可能性がある技術革新のみにフォーカスしたわけではなく、日常業務の中にある改善活動、新たな切り口、新たなアイディア、新たな手法、新たなビジネスシステムなどを包括した広義の変革の言葉として捉えている。また、そこには必ず普遍的な〝商いの原則〟すなわち、市場が決めるという概念が息づいていると考えていただきたい。

これまでも何度か述べたが、オーナー経営者本人も含めた人財がいなければ会社は成り立たないのは当たり前で、会社にとって最も重要なリソースである。

そして、その人財とは、思想に共感し、近しい価値観を持って会社に集い、適切なマネジメントの下に付加価値の向上に努めるものだ。

中小企業には戦うための資源に乏しい場合が多い。しかし、アントレプレナーシップにおいては、経営資源の多少は問題ではない。そんな中で、コア技術・風土・価値観など、チャレンジをして失敗と成功を繰り返す中で、組織と人財に蓄積されていく。いわゆる「見えざる経営資源」こそが模倣困難性をもたらす、戦うための武器となる。

だから人財こそが21世紀の付加価値の源泉なのである。

では、具体的に日常の中でどのような手法によって、人財経営を成しえ、目指すべき組織風土の醸成を実現していくのであろうか。

それを理解するための一つのモデルとして、次のケースを紹介したい。別に特別なケーススタディではなく、周囲の会社において、よくある話だ。

それは私の後輩で、先代から引き継いだばかりの三代目若社長と、そこで働く若手社員との話である。若手社員の彼は現在30歳の働き盛り。

地元の公立高校普通科を卒業し、普通の社会人として就職し、特に仕事に情熱を燃やすわけでもなく、特に能力が高いわけでもない。ただ、少しだけ負けず嫌いで、少しだけ正義感を持っていた。だが、そんな正義感は会社において表現するほどのものでもなく、友人同士の振る舞いの中で、ほんの少し顔を覗かせる程度であった。

そんな彼も18歳から働き始め、4年5年と経験を積んで仕事を覚えていく中で、いろいろと会社への不満が溜まってきた。同僚らと上司批判や会社の悪口…時には飲み会の席で公然と上司に歯向かったりもした。会社は三代目社長に代わり、それなりに古株の番頭さんらとうまくやっているようには見えたが、それは互いに上っ面だけ。本質的なコミュニケーションを避け、なんとなく20世紀から培われた事業形態を継続してきただけで、たしかに批判されても仕方がないような状態でもあった。

番頭さんたちも、先代亡き後統治が崩れ、甘えとプライドからバラバラな状態。

若手社員の中にはハッキリと命令に背くような行動が出始め、わずか30名程度の会社なのに、もともと良くはなかった社員間のコミュニケーションはドンドン悪くなり、殺伐とした空気が漂い始めた。こうして社員のモチベーション低下、組織風土の退廃は、極めて如実に収益に影響を見せ始める。

地元の短大卒、入社1年目の女子社員が会社への不満をハッキリ口にして退職をし、綻びが破れへとなり始めた頃、三代目オーナー経営者が突然全社員に向けて宣言をした。

①事務所内のパーテーションをすべて撤去し、社長室も無くし、執務室を全従業員が見渡せるようにする。

②オーナー経営者自身が、毎朝一番に出社して、全社員と朝から大きな声で挨拶し、そして会話をする。

③社長も番頭さんも、中堅も若手社員も、男性も女性も関係なく、全員が業務後に毎日その日の業務日報を書き、全員が読めるように貼りだして帰る。

この３つをこれから必ずやり続ける！　と宣言したのだ。

最初は、文句と言い訳とやる気の無さをモロに表す社員も多く、頑として日報を書かずに帰る番頭さんなど、一時的には最悪の状態となった。

しかし、社長は毎日毎日文句一つ言わずに、これを守り続けた。

そんな状況で数ヶ月ほど過ぎた頃、上司批判を繰り返していた24歳になっていた若手社員の彼が、毎朝遅刻寸前に出社していたのに、急に社長と同じように朝一番に出社し始めるようになった。そして毎朝大声で挨拶をし、社長と15分ほど雑談交えて誰もいない会社で二人きりで議論し始めたのである。そして、今度は二人で出社してくる社員たちを待ち構え、大声で挨拶をし、会話をするようになった。するとどうだ、心ある社員たちはドンドン朝の出社時間が早くなり、〝挨拶番長〟となった若手社員の彼の先導のもと、毎朝組織の課題、事業の戦略などについての共有ミーティングが自発的に行われだしたのだ。もちろん社長も一緒に。

年配の社員ほど輪に入るのに時間がかかったようだが、最終的に退職をした番頭さん一人を除き、その他の全社員が毎朝1時間、雑談も交えた明るい共有ミーティングを行う組織に変貌したのである。全員が見渡せるフロアでは、もちろん不平不満のコソコソ話は無くなり、朝から全員が大きな声で挨拶を交わし、前日の各人の日報に全員が目を通して、それについてのコミュニケーションが毎朝自発的に笑顔で行われる組織になったのだ。すると落ち込んでいた収益は回復しだし、取引先から社員に向けての賞賛の声なども届き始めた。

そして、この若手社員を中心とした業務の課題解決は日常的に行われ、見えにくいことではあるが、それが間違いなく収益を支える結果となった。彼は30歳になった今、この会社になくてはならない幹部社員となっている。

彼らにとっては、人生の大きな転機であったようだ。

三代目社長は、一人孤独に悩みに悩んだ結果、すべてをオープンに透明にすることを決意し、社長のくだらないプライドを捨てて、自ら挨拶とコミュニケーションと情報共有を実践した。

また、それに応えたこの若手社員の行動。そして5年6年と毎日習慣として行い続ける強さ。それらが素晴らしい結果をもたらしたのだ。全く派手ではなく、能力が特別優れているわけでもない彼らが、毎日その気になれば誰でもができることをやり続けただけで、公器である会社を変えたのである。いや、能力が優れていない…というのは語弊がある。誰でもできる当たり前のことをやり続けられるという、類まれな能力を持っていたのだから。

扱っている商品など事業はさほど大きくは変化していない。外的要因も悪くはなれど、決して良い方向に動いたわけでもない。変わったのは人の心と組織風土だけである。

それだけで事業が立ち直ったのだ。

人財が事業を蘇らせた、とても特徴的なケースである。

ブログの渋谷

2011年3月6日

「若い組織では」

辛いことがあったり、相談したかったり、頼ったりしたい時に、それができる相手が少ないのが若い組織だと思う。

または相談したとしても、あまり的を射てなかったり、信頼するに足るものではなかったり…要は経験が少ないということで、経験というのは何にも代え難い大切なことだ。

当社でも、結局ここ20年で拡大の一途のために、未経験なことに責任者としてチャレンジしなければならない場合があって、「何とか組織上位のベテランを採用してもらえないか、業務知識が乏しく自信がないので」と言われたこともある。

でも私の意見は「そりゃ、中途で組織上位の経験者を採用することは可能だが、本当にそれでいいのか？　自分が理解し成長し次のステップを歩み始めた時に、どうなるか想像してみたら…」と思っている。

業務知識はやれば必ず身につくが、会社が期待する人財とはそんなに頻繁に出会えるわけでもない。

そもそも、未経験な仕事に責任者としてチャレンジさせようと思うくらいなので、私としてはとても期待している人財であって、間違っても指示待ちだけで満足する社員ではないことは明白。

ならば、ここは苦労してでも自分が社内のパイオニアになって欲しいと思っている。

同時に、その業務だけではなく、どこの社会へ行っても通用するだけの考え方の軸をこの苦労の中で形成して欲しいと思っている。

でも、なかなか理不尽なことを言ってるなぁ～ともマジで思う（笑）

社内でもたしかに苦労のうえで、うまく軌道に乗せてくれている管理職もいるが、たぶん「そりゃたしかに成長はしたかもしれないが、その間の私の気苦労と努力を考えれば、社長にとやかく言われる筋合いはない！」って言われちゃってもおかしくない（笑）

まぁ、それくらいやってくれているってこと^^;

でもこれは仮に上述のような言われ方をしてもかなり嬉しい話だ。

そうやって、組織が一歩ずつ人財によって充実していくわけで、独力で少しずつ成熟していく様子は本当に心強い。

会社の平均寿命は40年。

倒産した会社の平均寿命は22年。

中小企業では外部からいくらでも期待でき任せられる人財が採用できるものでもないので、創業時は一応若い組織だということを思えば、これは若い組織↓成熟した組織への移行がスムーズでなかったから…というのも一つあるかもしれない。

もちろん、商品や業界のライフサイクルの期間とそれに伴う組織のイノベーションが起こせなかったってのもよくある話だが、結局はそれを判断し解決するのも組織であると考えれば、あながち幅広い経験にもとづく、本物の強さ、本物の知識、本物の成長を仕事の苦労を通じて自社内で身につけた社員がいるかいないかは小さくはないだろう。


まだまだ弊社グループの平均年齢32才。

事業を既存の自動車関連から、モバイル+ICTに移行して約20年。

私の父親である先代社長が亡くなってから17年。

今春最若年の管理職が29才になるか…

それも〝名前だけ管理職〟ではなく、結構しっかりと組織統治のマネジメントを求めている中で。

これからの40年…いや100年後も継続する会社!なんて、上っ面だけ聞いても「あぁ、そうなんや」って話だろうけど、中身は日々その具現化をコツコツと推進している。

若い間はすべてが未成熟。

でも、その混沌の中にだけ、未来への扉が見出せる。


ここを経験せねば、秩序は起こり得ない。

また、結果だけを求めてもいけない。

それではいつもテクニック論の近道だけを考えてしまう。

大切なのは失敗してもやり遂げる意思の強さだ。

流した涙、かいた汗、履き潰した靴、すべてが未来に繋がっている。
若い組織はそれが純粋にできる。
それが大切な経験となって、将来必ず会社を、そして自分の身を救うことになる。
だから、大変なのは重々承知。
それを命令する私も一緒に戦おうと思っている。※心の中でだけ… ^^;

人財経営に関しては、いろいろな考え方や手法論がすでに多く語られている。

私が考える、21世紀型付加価値事業における、人財経営にとってのポイントだけを述べさせて頂きたい。

・経営数字や社長の報酬額なども含め、すべての数字・データを全社で共有すること。
・毎日の業務報告は全社員が自由に見れるようにすること。もちろん社長も書く。
・わが社とは？　を全社員が語れること。
・なりたい人財像、なりたい会社像を明確にし、その理解の中から人事制度を構築する。
その人事制度において、評価の軸を明確にする。

・会社の目的・理念・行動指針は必ず全社員が理解し、価値観の統一を図ること（ただし、これは前提となる普遍的な思想であり、上位レイヤーの多様な価値観は認める必要がある）。

キーワードは「オープン」であろう。

恐らく、これらを明確に可視化し常に示し続けるだけで、組織は変わるはずだ。

私自身、まだまだできていないことは多いが、常に報告・連絡・相談・共有を社員に対して行うように意識している。

日報も書くし、メーリングリストにたいがいのことは隠さず共有している。

今後は社内SNSやワークフローも導入して、さらにオープン化とナレッジの共有を推し進めようと考えている。

21世紀における組織は、「情報」を取得し、整理し、共有する中で豊かなコミュニケーションが発達し、価値観という共通の鎧によって強さを手に入れる。そこでは、「オープン」「スピード」「自己責任」などの思想が重要となる。隠さない・逃げない・言い訳しない・自責…これらのことを、組織上位者ほどしっかりやり切れれば、そうそう組織は悪くはならないものだ。

また制度という視点での人財経営とは、社員が一生の中でどう生き、どう働くことで自己実現を目指すことができるのか？　を具体的にサポートする制度を構築することだと思っている。採用の段階から、「私たちが大切にする人財像」を明確に示し、その軸に則りながら評価を行っていく。ここが甘いといつまで経っても採用は失敗し続け（時には良い人材が採用できるだろうが、確率の問題である）、入社後3年以内の退職が多くなれば、「近頃の若い者は我慢というものができない！」などと吐き捨ててしまうことになる。

実際には、近頃の若い者は、より高いレベルの思想を持ち、なりたい自分像を明確にしているからこそ、入社した会社を間違えたことに早期に気づき、退職しているのかもしれないのに。

そして、その高い思想こそが、会社を救うことになったかもしれないのに…。

採用の次は育成である。なりたい自分像と会社を求める人財像が合致してくれれば、そこに向かうためのキャリアも見えてくる。そのためには管理職が毎月定例で面談するなど、しっかり指導し続けることが必要である。軸が明確だからこそ、管理職の指導も属人的にならずに、同じ目標に向かうことができるということになる。

育成のうえで、次は評価である。

時間軸を設けて、なりたい自分像へのマイルストーンを描き、その達成度合いにより十分に納得感のある評価へつなげることが大事だ。

その評価が処遇や報酬につながり、さらにキャリアパスへと進展すれば、極めて明示的な人財育成のための制度が運用できる。

ここでは「アメとムチ」なのか、「目的主導の自律型」なのか、という議論ではない。XY理論、モチベーション3・0、機械的組織／有機的組織…、そういったテクニカルなロジックを理解しつつ、全てを現場でバランスさせることだ。

それが人を最重要なリソースと見なし（非正規雇用などで流動性のあるコストと見なすなどは論外）、人によって成果を上げ、会社の目的を達しようとする人財経営の根幹である。

それらをスムーズに推進するために「オープンさ」「誠実さ」「納得感」などによって「言い訳のできない組織」を創り上げることが、プロフェッショナルが集う組織風土の醸成につながるのである。

ブログの渋谷

2009年11月5日

「組織論」

よくいろんな会社の課題や状況などを見つつ、自分たちはどうだろうとか、参考にしたりとかって相対的な評価に活用している。

基本的に、会社の課題や状況ってのは、その組織と人材の在り方に起因するケースがほとんど。

反面教師な面もあるが、とても優れた組織マネジメントを見せられると「ムム・・う〜ん…」と感心しつつも、取り入れられる要素はないかと考える。

組織力とは、簡単に言えば「限りあるリソースから収益の最大化を目指すために、一番効率的に機能させるための集団力」ってな解釈だと思っている。

小さな組織は、一人ひとりの個の力が重要で、その個の力が1＋1＝3とか4になるように機能させることが組織力。

1＋1＝2というプリミティブな形は、個々が機能することで実現するが、これを3や4にするためには、組織力（組織戦略）が必要となるってこと。

組織が大きくなればなるほど、この力が重要だ。

この組織力を強化する大前提が「情報のオープン化」である。

情報が無ければ、根本的に個々が立てる目標の範囲が狭まったり、そのためにモチベーションが湧かなかったり…まずは全社員が同じだけの情報を有し「知る権利」を与えることができる環境を作ることが大前提である。

そのためには、情報の種類によってICTを活用したり、懇親の場があったり、様々な手法で組織に属するものが知ることができる環境を用意すること。

また、情報の集まる人が積極的に情報開示する努力を怠らないこと。

この情報のオープン化ってことは、なんとなく組織の規律や指示命令系統、上下関係を重んじることと相反する感じを受けるが、実は全くそんなことはなく、ここは勘違いしてはいけない。

指示命令や組織統制の強さは、情報を一定隠しなんとなく解り難くして、組織上位者に情報と権限が集約されることで成し得るものではなく、もっとよりボトムアップにてアメーバ型の自律性の中から、個々が一定の納得感を持ったうえでの指示命令でなければ、強さを発揮できない。

この個々の納得性と理解度の高さのために情報をできる限り与えるわけで、これがすなわちモチベーションの源泉にもなるし、個の多様な判断力の強化にも繋がり、自律性が増していく。

それが実現できて初めて1＋1＝3や4にすることができるってこと。

こうやって、個が強くなってくると、組織上位者のマネジメント能力や強さが問われてくるが、それもボトムアップが強くなることで磨かれるもの。

なので、これでシナジーが生まれるわけだが、組織上位者が下から突き上げられるのがイヤで自分の立場とプライドなんかのために、情報を公開しないなんてのは、最悪である。

だって、会社組織で個を抹殺する一番の方法は情報を与えないこと、知らせないことなので。

旧態依然とした組織論の中で、組織の指示命令系統の維持管理、統制、及び上位者の見せかけの強さのために、歪な上下関係をよく見かける。

上位者も部下も皆が甘えて、くだらない組織ごっこを繰り返す図。

報告連絡相談は、組織の縦関係にきちんと配慮して、一つずつなんて今時バカなことをするより、ICTを活用した情報共有で一気に全員に対してやるほうがよほど現実的。

指示命令系統や組織の統制はもちろん重要だが、それを活用する部分とオープンである部分とのバランスが大切ってこと。

昔ながらの組織風土の会社で、1+1=0・5の組織はイヤというほど見てきたが、皆共通して悪いバランスを勘違いして実践し続けている。

本質的には、情報武装した強い個が集まり、それをしっかりとマネジメントし、収益の最大化に向かわす組織上位者と部下との本質的な戦いから来る強さが、1+1=3にも4にも5にもすることができる組織論からのアプローチにおける唯一の手法である。

歴史のある会社であれば、今までの組織風土の良いところを残し、革新すべきところを変革する強さが必要である。

新しい会社であれば、もともと組織風土が成立していないケースが多く、かつ「自由」を勘違いしがちな社員が多い中、どうやって納得感のある組織風土の醸成につなげるのか？　それをやり続ける根気が必要である。

どんなケースでも、まずはオーナー経営者自らが精神的に野に下りて、実践しなければ絶対に組織風土は醸成しない。常に戦っていなければならないのだ。人財育成の枠組みを手法論、制度論として整備しながら組織風土の醸成につなげる、普遍的レイヤーの価値観の統一を進める。そのうえで、やはり事業である。

卵が先か鶏が先か…という議論ではない。卵も鶏も先である。精神面、制度面、そして成果を出すための事業面でのイノベーションの三位が一体となって初めて、経営にドライブがかかる。また、組織風土の醸成も人財経営も、事業と同じく果てしのない旅だ。永遠に改善を続けながら、ひたむきに行い続けなければならない。

だからこそ、オーナー経営者は生き様として経営を捉えていなければならないのだ。

2.「社会の公器」をガバナンスする体制をつくる

会社、事業には必ずフェーズがある。

創業間もないベンチャーな時期には、従業員の数も少ないだろうし、オーナー経営者がグイグイ引っ張ったほうがよいフェーズが必ずある。そして規模の拡大とともに、任せていくフェーズに移行する。ただ任せる＝ほったらかすと勘違いしているケースをよく見かけるが、あくまでも任せられる範囲を規定し、そこをきちんと任せるということでなければダメである。

いわゆる「任せて、任さず」ということだ。

このフェーズの変化は、事業のライフサイクルを読み解いていないとうまくはいかない。事業のライフサイクルとは、例えばプロダクトライフサイクル（ＰＬＣ）であり、導入期〜成長期〜成熟期〜衰退期と分かれる事業フェーズの読み解きである。

導入期には、スピードや強いリーダーシップ、思想を持ち、思い切った意思決定が必要で、中小のオーナー企業の場合には、オーナー経営者自らがグイグイ引っ張る時期だろう。こんな時期に、権限・責任も中途半端な状態で無責任に任せても成果にはつながらない。

次に、成長期。このフェーズは盛り上がりながら、ドンドン前へ進むことができる時期で、網目の大きな投網でもたくさんの魚が獲れる時期である。事業モデルが秀逸であれば、一定のマネジメントだけで、あとは任せていっても成果は出せる時期でもある。

続いて成熟期。ある程度の安定感の中で、業務効率化改善などによってキッチリと利益を叩き出していく時期だ。と同時に、成長期に撒いた種の中で、そろそろその事業から派生する、別の展開を想定する時期でもある。

衰退期には事業の終わらせ方や次への展開を実行しなければならない。この会社及び事業におけるライフサイクルの読み解き方は、しかるべきフェーズにおけるオーナー経営の中小企業がガバナンスをどうコントロールするかの肝でもある。

さて、そのコーポレートガバナンスである。

ここでは、本書の意義を踏まえ、概念的ではあるが、「会社は誰のもの」の議論については言及しておきたい。

本書では、会社は社会の公器であると定義している。

法的には、オーナー経営者が１００％株式を所有していれば、会社はこのオーナー経営者のものといえるかもしれないし、ステークホルダーという意味では従業員、取引先のものともいえるだろう。しかし、ここでは概念的ではあるが、ハッキリと「会社は社会のもの」と定義したい。

そしてオーナー経営者は、社会から会社のマネジメントを委託されている、会社と言う部分社会の重要な主体者であると捉えたい。そう考えれば、オーナー経営者とは、社会を良くするためにこの会社の経営を預かり、相互に影響し関係し続ける会社と社会の関係を維持する主体者といえる。

では、社会のものである会社におけるガバナンスとは何であろうか。

「所有と経営の分離」などと言われるが、そもそもオーナーが所有しているわけではなく、社会から借りている…くらいの感覚のほうがよいのではないか。

借りたものを適切に運営し続けることがオーナー経営者の社会に対する使命であるならば、オーナー経営者及び一族の属人的な考え方一つで、その継続性を脅かしてはならない。

社会のものである会社は、社会の公器として永続しなければならず、まずはその所有と言う意味でオーナー経営者はしっかりと永続できる枠組みを準備すべきである。ここが脆弱であってはならない。

これは実際に、オーナー一族が株式を保有し続けオーナー経営者であり続けるという形態であれ、外部に所有の一部を渡す形態であれ、株式を公開するであれ、株式会社という枠組みとは違う存在形態を目指すであれ、ライフサイクルの中でのフェーズ及び市場や環境、強み、弱み、ビジネスシステムなどを読み解いたうえで、適切に社会から借りている会社を運営できる体制を選択し、遂行すべきである。

例えば、同族所有の場合の筆頭株主かつ社長であった創業者の死による相続の揉め事などは、会社が社会からの借り物であり、委託されていると考えた場合には、あってはならないことである。こういう問題は、どちらかといえば相続対策でしっかり準備しているケースが多いが、それでも未だに起こっている。

「会社はオレたちのモノ」と同族たちが考えているから、こんな揉め事も起こってしまうわけだが、一番迷惑なのはそこで働く社員であり、地域社会であるということに気づかなければならない。社会の公器を舞台にした属人的な揉め事は、同族の中での争い…ではなく、社会の中での争いなのだ。

こういった事態にならないように、きちんとした枠組みを構築しておくことがオーナー経営者の社会に対する責務である。

次に経営における統治について。

オーナー経営者は、所有と経営の両方を司るとても重要な主体者である。そして経営という意味では、フェーズにもよるが事業推進の中核を担う重要なポジションであることは言うまでもない。しかし、企業統治という意味では、「牽制が効く」ということも大切である。

オーナー経営者も一人の人間であり、間違いを犯すこともある。企業が永続するためには、ワンマンな判断だけで乗り切ることは難しい。どういう手法にせよ、常に牽制を意識した組織統治が肝要である。

これは、オーナー経営者の心の中に「オレの会社だ！　オレの自由にして何が悪い！」という気持ちがわずかでもあると、なかなか実現させにくい。自ら客観的な視点で自己否定をしなければならないのだから。

ただし、ここでもフェーズの読み解きは重要である。

事業においても、会社においても、導入期～成長期～成熟期～衰退期というサイクルの中で組織統治の強弱が変わってくる。ガバナンスを強めれば、それだけスピード感は落ちるしコストもかかる。しかし、より安定的に強固な枠組みが自律的に運営され、属人的統治から脱却し、そういう視点で起こりうる会社を永続させるためのリスクを回避しやすくなる。

反対にガバナンスが弱ければ、属人的ではあるがスピード感があり、不要なコストがかからない。ただし脆弱であり、人の命も心も永遠ではないので、必ずどこかで崩壊が訪れる。それは、創業オーナー経営者の世代かもしれないし、二代目の登場後かもしれない。が、それは必ずどこかでやって来るのである。そう考えれば、会社とは社会の公器であり、オーナー経営者は、所有という意味で社会から借りていると同時に、経営という意味で運営も社会から委託されているわけなので、ここでもフェーズを読み解きながら、永続させるための組織統治体制を目指すべきである。

それはやはり、牽制が効き、オーナー経営者がいなくても自律的に運営できる体制であろう。ただし、ここでも手法論やその強弱も含めた選択肢は無限にある。

またもう一つの視点が、労働力人口の減少、内需そのものの縮小など、国内における外部環境が厳しくなるという現実である。そんなことは百も承知だと誰もが思うだろうが、では本気でそれに向けた対策であったり、事業革新を行っているだろうか？　いわゆる地元の名士の家柄で、有力なオーナー企業の盟主であるような場合でも、20世紀の蓄えでなんとか凌いでいる会社も多いのではないだろうか？

資産の蓄えがあるから、不動産やマンションなどを有しているから、しっかりした既得権益の中での取引を有しているから…で、今現在の事業において新たなイノベーションで成功したといえるものは何かあるだろうか？　今日の事業も20世紀にはイノベーションによって成し遂げられ、その蓄えの基盤で現在も事業を推進できているとしても、それは永遠ではないはずだ。21世紀にも新たなイノベーションを育んでいなければならないのだが、インパクトのある展開を実現できているだろうか？　この内需マイナス成長時代に。

21世紀は人口が高齢化とともに急減する衰退期である。22世紀まで20世紀の蓄えだけで生き延びられると思うだろうか？　22世紀に継続する会社としたいなら、今の準備が非常に重要である。蓄えを持ってしまったがゆえに、それを守ることを義務づけられた二代目三代目経営者が、新たなイノベーションを起こせるだろうか？

いや、この問いには「起こせる！」が正解なのだが、どれだけのオーナー経営者に、その退路を断った本気のブレークスルーが推進できるかが問題である。失礼を承知でいえば、そういう本気のイノベーションを組織に持ち込めるのは、今や守ることを義務づけられたオーナー経営者ではないのかもしれない。これは私自身も含めて、感じていることだ。

幅広く、そういうポテンシャルを秘めた社員を登用し、自律的で牽制の効いたガバナンスの中で経営を委ねていくことによって、イノベーションを生み出す仕組みのほうが、かなり道理にかなっている。私の周囲の中小企業でも、20世紀の蓄えを切り崩しながら、かろうじて見栄を守っている会社がたくさんある。また、すでに蓄えを使い切り、ドンドン縮小し、廃業または細々と営業を続けているという会社も多い。

あくまでも感覚値だが、お叱りを覚悟でいえば、昭和から続くオーナー中小企業の半分程度がそういう状況にあるのではないだろうか。二代目三代目と代替わりをした場合であっても、その人の人格にも大きく左右されるが、往々にして負荷を含めた苦労と努力を怠り、守ることだけに専念して、イノベーションを起こすための戦略にまで行き着いていないケースが圧倒的だと思う。もちろん遊んでばかりであるとか、本質的に社会貢献を勘違いしていたり、口ではきれい事を言っていても実は上っ面だけであったりする二代目三代目は、「持っていること」への甘えが強すぎて論外であるが。そんなものを徹底的に捨てきって、創造的破壊によってイノベーションを起こせる気概があればよいのだが、なかなかそれも難しい。それでもやはり社会の公器として社会から会社の所有と経営を任されているオーナー経営者は、成熟期～衰退期に入った事業にイノベーションを生み出す責務があるのだ。

「持っているから守る必要がある」という場合、その守っているものとは何なのか？　社員のため！　地域社会のため！　と思っているかもしれないが、実は守っているのは家の資産であり名声であり、見栄なのではないだろうか。

本当に10年後20年後、そしてまだ90年続く21世紀において、社員と地域社会のことを考えるのであれば、甘えを捨ててイノベーションを起こすことを戦略的に推進すべきだ。

同時に、会社を永続させていくためにも、それが創発する仕組みを自律的なガバナンスの中で構築すべきである。

3. 日々の活動を論理的に検証する

ここまで組織のあり方や事業・会社のフェーズの読み解き、さらにガバナンスのあり方などを述べた。こうした抽象的で感覚的にも感じられる要素は非常に重要で、そういったバランス感覚を経験の中から身につけるセンスはオーナー経営者に必須のスキルである。しかし、それだけではイノベーションを起こし、成果を出すことはできない。

論理性にもとづいた定量的な検証がきちんと可視化される必要がある。

「そんな論理的な検証なんて意味が無い。そんなものでこの複雑な市場を推測できるはずもない。評論家でも先々を予想できないではないか」

「自分は営業一筋で会社をここまでにしてきた。そんな論理的検証に何の意味があるのか？　そんなアテにならないものより、自分の感覚のほうがよほど信じられる」

中小企業のオーナー経営者からよく聞かれる話だが、これはある意味正解だと思っている。そして自分も昔はそう思っていたし、今も場合によってはそう考えていることもある。

しかし、それでもやはり言わなければならない。論理的で定量的な検証を絶対に無視してはいけない。社会科学的な論理を理解しなければならない。

「そんなものはアテにならない!?」

それを言う前に、そもそもトコトン論理的検証をやったことがあるのだろうか？　どれだけそういう手法論を知っているというのだろうか？　経営を業としたプロであるはずだが、経営学を理解しているのであろうか？　単に面倒だから、苦手だから、知らないからそれを遠ざけているだけなのではないだろうか？　チャレンジもせず、知りもせずに語ることは、それこそレベルの低い戯言である。

では、なぜ論理的で定量的な検証、評価が必要なのか？

抽象的で感覚的なバランスが必須のスキルであると述べているにもかかわらず、それでもそれが必要なのはなぜか？　これもあくまで私の経験上での考えであるが、それは「共通言語化」に尽きると思っている。

いくら論理的で定量的な検証、評価を行っても、最終的に方針を意思決定するのは人間であることは当然だ。そして、その意思決定された方針に従って日々活動するのは組織である。意思決定の際、そして活動していく際、可視化された論理的な検証が共通言語化されることで、迷わずに進むことができるのである。

「だから、○○をやるんだ！」「だから、○○の方向に進むんだ！」

要するに、この共通言語化のための論理的検証作業は、地図を描く作業であるともいえる。そして、バランス感覚、センスなど暗黙知というべきスキルによって補完し、意思決定に厚みをもたらし、さらに組織に進むべき道を指し示すものなのである。したがって、「アテにならない」というものでもなければ、現場感やセンスも無しに論理的検証だけで意思決定するのも間違っている。

これらの要素を連関させることで、事業にイノベーションをもたらすことが重要なのだ。新規事業創出、既存事業の改善、財務戦略、人事労務組織戦略、マーケティング、情報システムなど、あらゆる企業活動は論理的に検証し、評価できるはずである。

実は私も過去には、感覚のみに頼って論理的検証を軽視する向きがあった。うまくいくこともあるし、うまくいかないこともある。しかしスポーツと同じで、よいプレーをしたことは過大に記憶されて、センスだけでできる！　と勘違いしていたものだ。落ち着いて検証してみると、うまくいかなかったことが意外に多いことに気づく。そして、社会の公器としての責任を果たし、永続する事業とするには、もっともっと精度を高めなければならないと感じ、自分たちなりの身に丈に合った論理的検証を導入し始めた。すると、経営の状態が、事業の状況が、組織の課題が少しずつ見え始めたのだ。さらに自分のセンスとマージさせることで、より意思決定がスムーズになった。そして、何より自分一人で事業のすべてを動かしていたフェーズから、組織としての統治で事業を推進するフェーズに変わってきた現在、組織の共通言語化ができていることの意義は非常に大きいと感じている。あくまでも身の丈に合っていることが大切だとは考えているが、そういったものも含め、すべてがバランスということなのであろう。共通言語化により、組織と人財の価値観を合わすための根拠がハッキリ明示されてくる。それが、蓄積されていく「見えざる資源」であり、強みの源泉となる。イノベーションはこれらの組み合わせによって生み出されるのだ。

昨今、我が国の大企業では、ラディカルなイノベーションが起こりにくい風土が強くなっていると言われている。組織の問題や、カンバリゼーション、成功体験からの慢心などもその要因として上げられるだろう。だからこそ、中小企業に大きなチャンスがあるとも感じている。ラディカルなイノベーションを生み出し、強い競争力を手に入れ、永続する事業体となるためにも、論理的検証による共通言語化は不可欠である。

4. 付加価値を創造する～①市場を見る～

ここまで、どちらかといえば概念的な話、そして思想及び体制面での話を中心に述べた。しかし、社会の公器として永続するためには、当然のことながら実事業で力が無ければ絵に描いた餅であり、結局上っ面だけの夢想論になってしまう。夢見るだけでは社会への大儀は果たせず、偽物となってしまう。

「最後は結果である」ことは、経営者なら誰もがイヤというほど思い知らされていることだろうし、結果が伴わなければいくら思想を書いたところで単なる評論で終わってしまう。では、偽物にならないためには、またリアリティを持った事業運営のためには何が大切なのであろうか？

本書では概念的、且つその置かれている状態によって多様な意味を持つ「付加価値」という言葉を多用している。本章の最後に、この付加価値についての考え方を述べておきたい。もともとモノやサービスなどには、それを生み出すために必要な価値が存在する。このもともとの価値を原価と捉えるなら、これがより高価値なモノやサービスとなることで価値が付加され、利潤がもたらされる。この、「あるモノやサービスの価値が高価値なモノやサービスになるために付加される価値」のことを付加価値と総称してよいだろう。この付加価値自体が利益の源泉であり、会社が永続するために必要なリアリティでもある。

では、この付加価値を生み出すために必要な要素とは何か？　多様な環境の中で単純に定義できるものではないが、私は以下の３つを信じている。

まず、「常に市場を見ること」。

20世紀型の内需事業の中には、既得権益も含めて市場を無視したような取引形態を平気で行っている業界も未だに存在する。供給側が決めるのではなく、市場が決めるのである。遅かれ早かれ衰退していく事業形態ではあるが、そういう商取引形態ゆえに、若い社会人が勘違いし、競争力を失うような構造になっているのは、国家としての損失ともいえるだろう。市場を見よ！　とは極めてシンプルで当たり前の発想だが、案外できていないケースが往々にしてある。付加価値とは最終的に私たちが原価に加えた要素により、高価値だと市場が認識してくれて初めて利益につながるわけなので、市場の感性を無視しては成り立つはずもない。もちろん、市場が価値を正しく把握できてないケースや、そもそも市場が理解していない価値を生み出すケースなど、単純に市場の声だけで判断できるものではないが、それでも最終的に決するのは市場であることは間違いない。私たちのモノやサービスや、場合によってはサプライチェーン全体が、最終的にお客さまが満足していただければ価値は生み出されるはずであるが、くだらない属人的プライドや既得権益から来る保身や組織の派閥争いなどによって捻じ曲げられているケースは誰もが知っている。にもかかわらず、未だにそんな論理が市場よりも優先され、かつ市場に知らされていないということに驚く。今までは、20世紀の遺産と枠組によって、市場無視の商取引形態でも特に大手企業の場合は何とかなってきたが、これからの10年20年は、明らかにそういう偽物が衰退する過程が増加していくことになる（それでもまだ過渡期ではあるが）。

私たちが21世紀型の事業を営むのであれば、しっかりと市場に正面から向き合える事業を推進し、本物の付加価値を生み出す強さを組織に育まなければならない。同時に、市場のあり方自体もドラスティックな変化を見せている。価値観が変化してきているのだ。この価値観の変化がどういう法則に則っているのかを理解できなければ、情報通信革命期の市場の声は聞こえないはずである。法則は、インターネットの技術仕様、思想、理念などを紐解けば、多くのことが理解できてくる。

例えば、スマートフォンがアーリーマジョリティ層からレイトマジョリティ層に普及してくる２０１２年以降には、また大きくこの法則が市場の変化を促すであろう。これは単なるデバイスの変化ではなく、常にネット環境を保持できるデバイスですべての人が武装する時代が到来したということで、パラダイムシフトを増長する変化である。そういう意味でも、待った無しで変化してきた価値観を捉える必要があるのだ。まず市場を見ること！

そしてそれを正しく見られる法則を知ること。

それができなければ、どこかで必ず20世紀型事業は衰退していくと強く理解したうえで、そうならないための努力を怠らないことだ。そういう意味では、市場を見るため、市場の声を聞くための一次情報の収集力も重要である。インターネットをインフラとした情報通信革命は、過去20年の間に個人の情報収集能力を格段に向上させた。オーナー経営者は、その気になればインターネットを通じて直接市場の声や苦情を聞くことができるようになっている。その努力を怠らず、嫌がらず、情報収集のためのテクニカルな要件を満たしたうえで、まずは市場を見るのである。付加価値向上の第一歩が市場を知ることだと考えればこれは当然のことであり、オーナー経営者がここを理解せずにイノベーションが生まれるわけもない。机上の空論、そして過去の経験や学問だけで、変わりつつある市場に対応できるはずもない。

まずは始めてみること！　10年あれば必ずできるはずである。

5．付加価値を創造する～②勝てるテーブルを見つける～

2つ目の要素は「勝つための戦略的な付加価値であること」。

これは、ザッポスのCEOトニー・シェイの有名な言葉「ポーカーでは勝てるテーブルに着くこと」に近い考え方だ。しかし、この勝てるテーブルを見つける目を持つのは、並大抵ではない。いろいろな経験をして初めて持てるものなので、最初は暗中模索でいろいろなテーブルで負けることも必要なのかもしれない。そのプロセスが無ければ、なかなか最初からそんな目を持っている人はいない。21世紀に勝てるテーブルを見つける目を持つことは、オーナー経営者あるいは事業を運営する従業員にとって、最重要なスキルなのかもしれない。では、この〝勝てるテーブル〟とはどういうものであろうか？

私の知人に、地域で工務店を営んでいる社長がいる。二代目社長の彼は地元では名士の家柄ではあるが、地域の一工務店が20世紀の蓄えや関係性だけでなんとかなる時代では無くなっていることは、十分わかっていた。そんな折、彼は自店の商圏においてまちづくり系のNPOを立ち上げた。まちづくりといっても、子育て支援や高齢者支援など、地域の課題を解決するためのソーシャルアントレプレナーとしての活動である。よって、工務店の仕事とは全く関係性も見えないし、特にそれが会社の利益に直結するわけでもない。それでも事務所の一部を開放して地域の高齢者の憩いの場として提供したり、保有するリソースを惜しみなく地域のために捧げていった。

恐らく「あの二代目は本業そっちのけでＮＰＯ活動ばかり。一体何をやっているんだ！」という声が同業者の間では上がっていただろう。それでも彼は徐々にネットワークを広げ、手応えを感じつつ、街開きから40年を経て超高齢化を迎えたニュータウンエリアで活動を続けたのである。

その彼と最近久しぶりに会って話をした。

「ニュータウンの再開発」「超高齢化社会におけるハード面・ソフト面での街づくり課題解決」などは喫緊の行政課題でもある。そういう課題を、地域の主体者が地域に根づいたネットワークを活用しながら解決していく、いわゆる新しい公共の姿は、今や政府の重要スキームであり、彼はそういう政府のスキームを活用してまちづくりを推進していた。近隣の大学の先生が有する知見にもとづくサポートをもらいながら、自治体から〝本質的に使えるＮＰＯ〟としてラブコールを送られる存在となり、そして再開発の主体者として大手ゼネコンまでもが頭を下げに来るようになっていたのだ。そう、当然のことながら本業である工務店の事業にとても大きな付加価値と利益を与えるスキームとして。

これは、いわゆる地域共生型、ソーシャルアントレプレナー型の、21世紀の勝てるテーブルの選択であると私は考えている。20世紀型の工務店の地域における単独の営業活動、そして自治体の入札に参加する公共事業、さらに大手ゼネコンの下請け、孫請けとしての事業…こういう既存のテーブルには着かず、彼が選択したテーブルは遠回りのように見えるが、数年で成果が出て21世紀に長く活かすことができそうなテーブルであったわけだ。このように、21世紀における「勝てるテーブル＝勝つための戦略的な付加価値」を有する手法は多様に存在する。

そのための大前提として次の2点が挙げられる。

■自社のリソースをしっかり分析しておくこと、さらに市場での強みや属するサプライチェーンの状況を把握、抽出すること。

■属する業界においての市場ニーズ（お客さまは何にご満足するのか）を理解しておくこと。

さらにそのうえで、

■ＩＣＴ（情報通信技術）を活用することによって実現するイノベーション

■社会共生モデルを活用することによって実現するイノベーション

■市場の多様で新たな価値（市場規模が小さくても）を拾い上げ、ニッチ分野への進出などにより、戦略的な付加価値を見出すことが可能となるケースが多いように思われる。

この勝てるテーブルを見つける目を持つには、まずは経験であるが、21世紀の大局観の中では、ＩＣＴがもたらした価値観の変化、すなわち情報通信革命期のインターネット思想を理解することが大事である。

工場を始めとして20世紀から多くのリソースを保有している国内の大手電機メーカーが軒並み多額の赤字を発表している２０１２年、何も持たずに21世紀に起業したFacebookはモノを製造せずに１，０００億円近い利益を計上している。

これは例外的な事例のように感じられるかもしれないが、20世紀から続く多くの内需型オーナー経営中小企業の知らないところで、過去から保有するリソースに縛られずにしっかりと、しかもあっさりと、それら中小企業よりも大きな利益を上げているベンチャー企業はかなりの数あることを知っておくべきである。彼らが、どういう付加価値思想を持って事業を行い、勝てるテーブルに着いているかを検証してみる必要がありそうだ。

元来、金融機関を始め広く信頼を集め、かつ経営のいろはを熟知しているオーナー経営者が、情報通信革命期に勝てるテーブルに着く戦略を身につければ、21世紀を生き抜ける可能性は十分にあるはずである。

ブログの渋谷

2011年7月31日

「スマートコミュニティ」

〝スマートコミュニティ〟〝スマートグリッド〟など、エネルギー・交通・情報を地域で適切にマネジメントする構想が加速している。

東日本大震災がその必要性を知らしめた部分もある。

これらの構想のキーワードとして「スマートメーター」「蓄電」「自然エネルギー」「スマートハウス」などが脚光を浴びている。

たしかに震災復興という誰もが反対しにくい構想であり、次世代の生活のため、産業支援のため、原発依存度の低廉のためと、悪い話は何もないように感じる。

では、当社がこの分野にどのように関わっていくのか？

ITS的な思想での「スマホを活用した次世代テレマティクス」を現在開発しているが、これはあくまでも一つの基礎ソリューションにしかならない。

このように、今現在描かれているスマートコミュニティも、まだまだ技術及び構想、そして基礎的なプラットフォームであると考えている。

では、このプラットフォームの上で何が展開されるのか？

当社がスマホにこだわるのも、ここの部分にポイントがある。オープンなソーシャルプラットフォーム上で展開されるコミュニティ…なんてものはすでに世の中にたくさんある。

ここは間違いなく、そういう思想がスマートコミュニティに組み込まれる必要がある。しかも自然発生的に。

自然発生という意味では、それが創発される枠組みを提供するということだ。

プラットフォームのあり方とは、そういうものである。

既存の社会のあり方の延長線上にスマートコミュニティのビジネスイメージを描いてはいけない。

情報通信革命が進む中で推進される21世紀型自律的社会がどのようなディティールで展開されるのかという視点が無ければ、また無駄な税金を投入した過去の国策事業創出モデルと同じ道を歩んでしまう。

すなわち情報通信＝インターネットの仕様、思想をどこまで深く理解しているかだ。

もう一点、そんな総論の中で個人的な興味は、今もなお「e－デモクラシー」にある。

今や誰も「e－デモクラシー」などとは言わないので、今風に「スマートデモクラシー」と呼ぼう（笑）

情報通信が、民主主義そのものを変革して初めて革命だと今も信じている。

その革命は、21世紀を通して発展し醸成を続けるもの。

そのためにも、スマートコミュニティというプラットフォームが思想を持って発展する必要があり、かつ私たちはそんなプラットフォーム上で、人間・コミュニティ・インターネット思想・民主主義のあり方…最後には本当の意味での「社会へのお役立ち」を深く思考して事業を推進したい。

6. 付加価値を創造する～③ＩＣＴで武装する～

図５　主な産業の実質ＧＤＰの推移

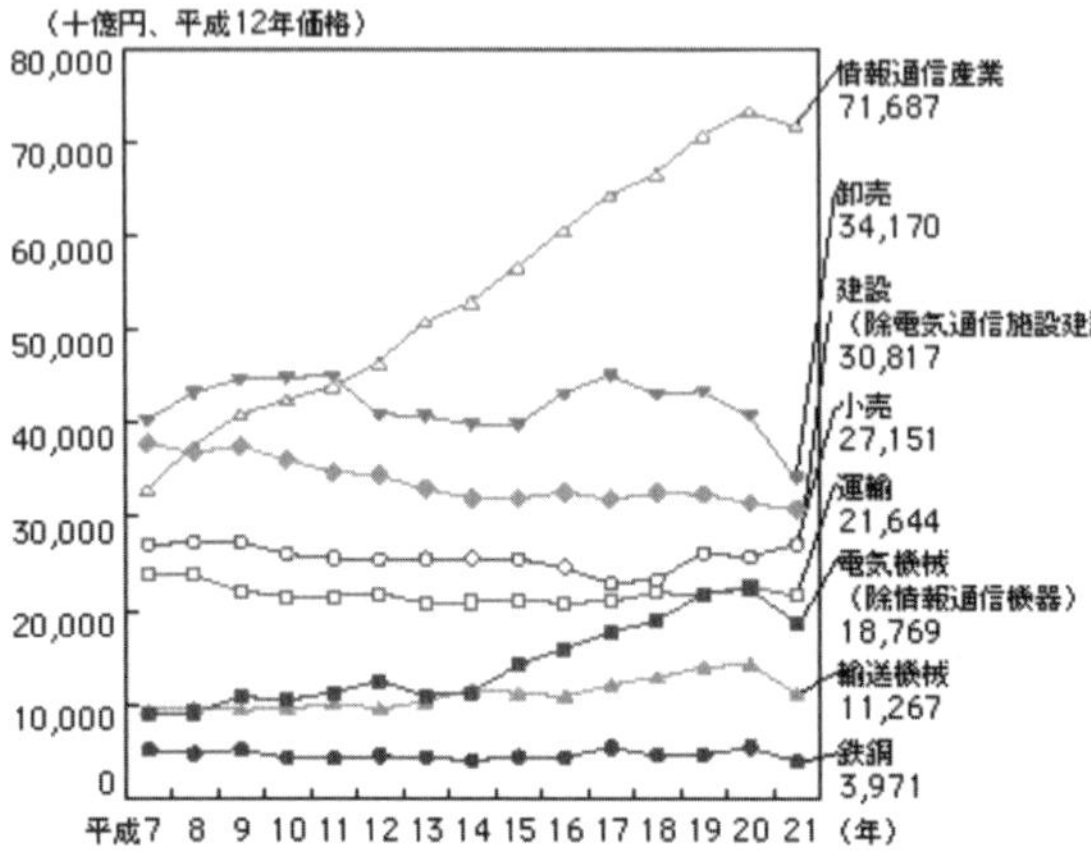

出典：総務省「ＩＣＴの経済分析に関する調査」（平成 23 年）

３つ目の要素は「ＩＣＴで武装すること」。

前節で勝つための戦略的な付加価値という意味において、「ＩＣＴ活用によるイノベーション」という要素を挙げたが、ＩＣＴはテーブルを変えられるだけではなく、非常に多様な付加価値を生み出すことができる。

図５のグラフは、情報通信革命期に入った21世紀における、わが国の産業分野別実質ＧＤＰの推移であるが、これは自分たちの生活の中に起こっている変化を感じていれば、極当然の結果であると納得できるはずである。

携帯キャリア、ブロードバンドキャリ

図6　実質ＧＤＰ成長率に対する情報通信産業の寄与

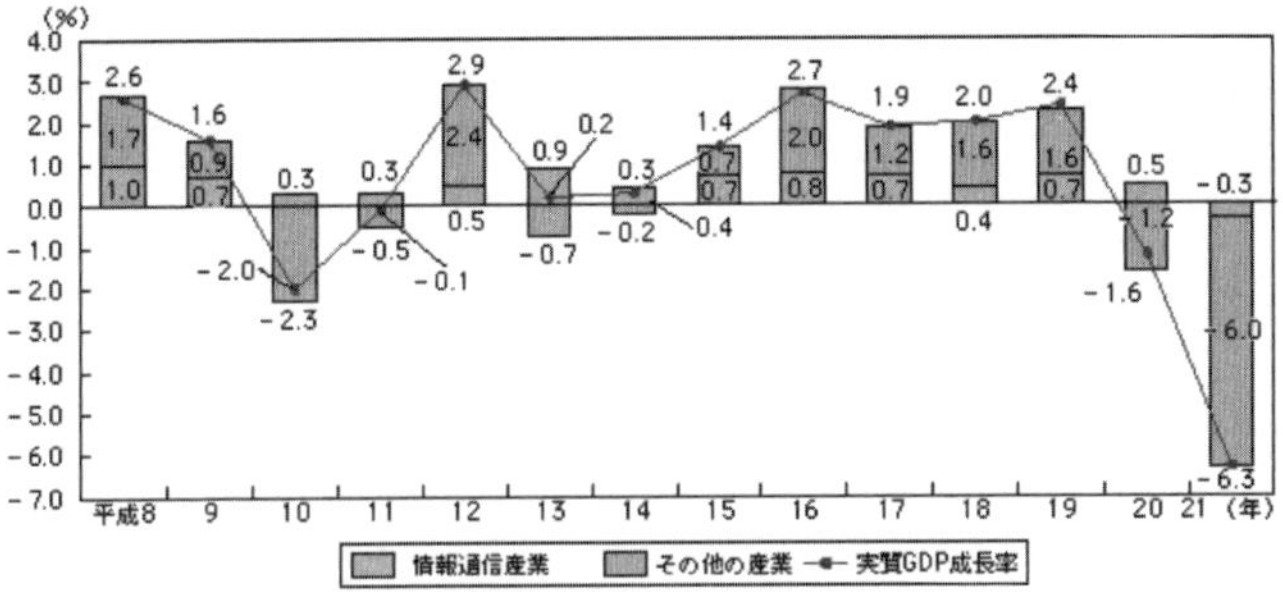

出典：総務省「ＩＣＴの経済分析に関する調査」（平成23年）

アなどの通信業、あらゆるメディアを配信する放送業、それらに付随する各種のコンテンツやメディアなどの情報サービス業など、やはり変化が速くイノベーションを起こし続けている業界であることが読み取れる。

そして、図6は情報通信産業がわが国の実質GDP全体において寄与している割合を示している。

リーマン・ショックのあった平成21年度こそ小幅マイナスとなったが、それでも他業界が大幅マイナスであることを思えば、踏みとどまっていると考えたほうがよい。

そして、平成8年以降ずっとプラスに寄与してきているのも情報通信産業だけである。

さらに、情報通信産業が他の産業にもたらした

図７　他産業全体への付加価値誘発度の推移

情報通信産業の生産活動による産業全体への付加価値誘発額は全産業最大の120.4兆円、雇用誘発数は小売についで755万人

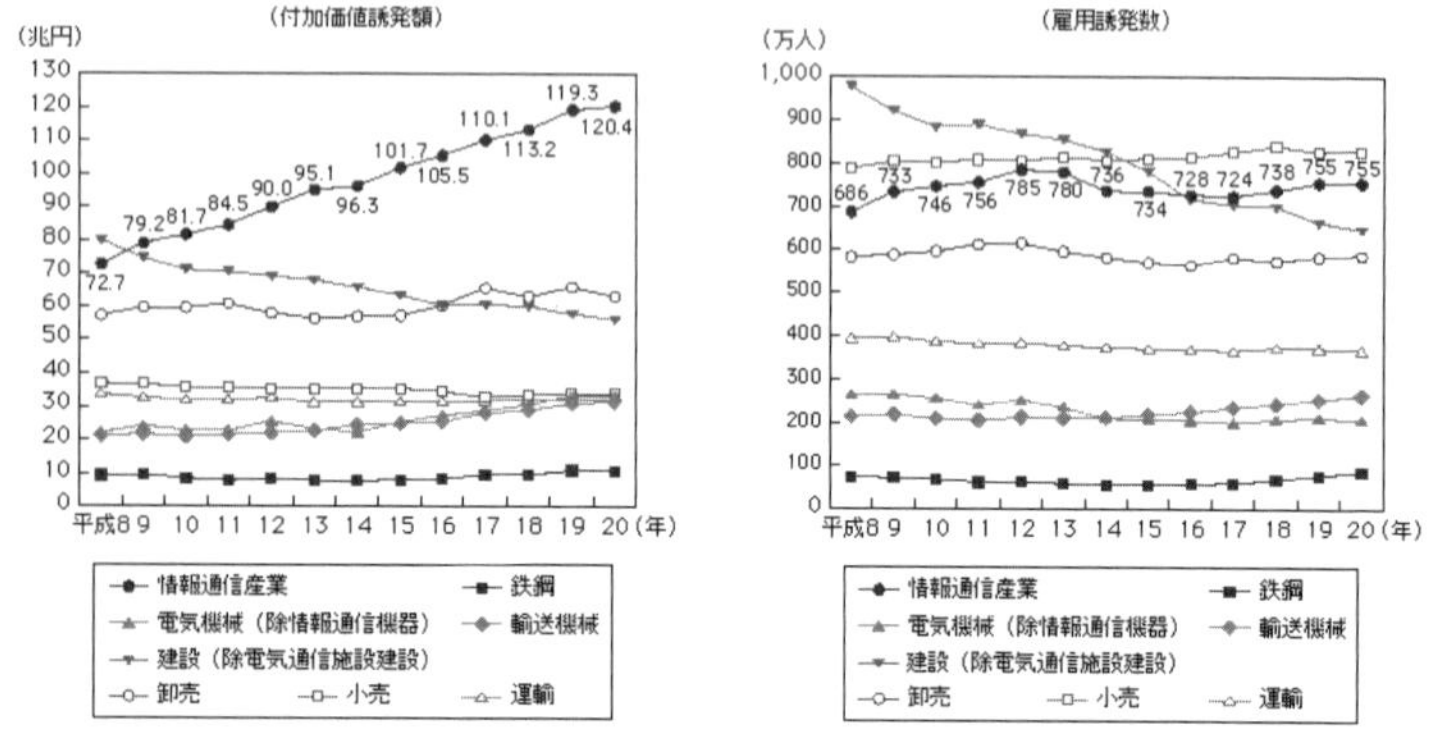

出典：総務省「ＩＣＴの経済分析に関する調査」（平成23年）

付加価値の誘発度という指標を見ると、平成8年以降一貫して上昇を続け、今や大きく他の産業を凌駕し、あらゆるものに付加価値を生み出していることがわかる（図7参照）。

これらの指標は、ＩＣＴが勝つための付加価値となっていることを直接的に示しているとは一概に言えないが、それでもトレンドとしては理解できるものだ。

自分たちのビジネス環境の周囲を見渡してみて、実際にどうであろうか？

ＩＣＴで武装してイノベーションを起こした会社なんて、いくらでもあるはずだ。

インターネットに代表されるＩＣＴは、情報通信革命期である21世紀の最重要イン

フラストラクチャなのだから、当然イノベーションの種は多い。

ちょっと話題は大きくなるが、Google・Amazon・Apple・Facebook…という21世紀の先進的ＩＴ企業たちの付加価値戦略は、もはや現代の日本企業には真似できないものになりつつあるのか…と悲しい気持ちになることがある。

例えば、Amazonは、２０１１年のクリスマス商戦に向けて、Kindle Fier・Touchという電子書籍リーダーを発売した。これがなんと$１９９で販売されていたのだから、その他のメーカーのタブレット端末は売れるはずも無い。Appleの iPad2は、その倍以上の$４９９であるが、それでもシェアは断然Ｎｏ・１！

そして、並み居る先行の競合を押しのけて、発売からいきなりシェア2位の座を奪ってしまったのが、KindleFier・Touchである。ストアの片隅では、SONY Tabletが発売開始された3ヶ月前よりも40％以上値引いて叩き売られているが、それでも売れていないのが実情である。この$１９９という戦略的な価格であるが、原価を積み上げるとどう考えても$２００以上にはなるらしい。なぜ損をしてでもこの戦略的価格で打ち出すのか？

その意味を知ることが重要なのだ。

また、Kindleの戦略的タブレットは、全世界１００ヶ国で3Ｇ回線利用料を無料にして発売されることも検討されているらしいのだ。今まで、SONY・富士通・SAMSUMGなど、多くのメーカーがタブレットを販売し、そして3G回線利用料は、NTT docomoなどの通信キャリアに毎月数千円を支払っていたのが、Kindleは破壊的な端末費用に加えて、月額の利用料を無料にしてシェアを伸ばすことも考えているのだから、もはやビジネスモデルが完全に違っている。

結局は、Google・Amazon・Apple・Facebookなど、21世紀のIT先進企業は、グローバルにビジネスモデルにブレークスルーをもたらすのだが、すべてのトラフィックをクラウドに集約し、今まで個別のハードウェアで実現されていた生活利便を、例えばコアデバイスとなるタブレットやスマホを用いて、すべてソフトウェアで行うことで、生活インフラのマーケットそのものを手に入れようとしているのだ。そして、彼らの収益モデルと強みは少しずつ異なっているので、きちんと棲み分けもできるだろう。

Amazonは、これだけ費用をかけてでも、電子書籍や音楽などデジタルで配信できる商品の販売やECなどのグローバルな利益で、まずは収益のモデルを築いていく。Googleは広告ビジネスが得意であり、Appleはブランド、デザイン、ディティールなどを包括したモノづくり、さらにiTunesでも収益を稼ぐ。

彼らに凌駕されていくのは、ハードウェアと組み込みのアプリケーションという専用機や、デジタル・ネットとの親和性に優れた商品によって収益を享受していたハードメーカーや、それにまつわるサプライチェーンたちだろう。

例えば、日本の得意なカーナビ。２００７年当時の世界シェアは日本企業が59％を占めていた。ここに、圧倒的安価でスマホやタブレット上で動作するソフトウェアでのナビゲーションを利用すれば、高価なインダッシュのカーナビを購入することなく、必要な機能は手に入れることができるようになる。そして、いつでも更新ができ、インタラクティブな情報交換までできるのだ。さらに、ここにグローバルなフリーの概念まで持ち込んだビジネスモデルさえ乗り込んでくる可能性が十分あるわけなので、既存のハードメーカーが10年程度のタームで厳しくなっていくことは必然であるように思える。

少し大きな話題から入ったが、ＩＣＴ（Internet/Cloud）を中心としたビジネスは、20世紀に存在できた既存の枠組みをぶち壊し、新たな付加価値をマーケットに投入する。これが、21世紀の情報通信革命期におけるビジネス視点での真髄であろう。数万人の従業員を抱え、グローバルにいくつもの工場を保有する日本の大手家電メーカーが、数千億円の赤字を計上せざるを得ないときに、優秀な若者がつくるＳＮＳやソーシャルゲームのプラットフォームビジネスが数百億円の利益を上げる時代。インターネットによって事業モデルが完全に変化していることを読み解けないために起こった必然の結果である。しかし、私たちのような日本のオーナー経営型中小企業には、さすがにこれは真似できない（笑）。それでも、既存ビジネスにちょっとずつＩＣＴを用いたブレークスルーを持ち込むことは十分にできる。21世紀は革命期であるので、原則ＩＣＴを活用するのが一番付加価値を見出しやすい。

「いやぁ～ＩＴは苦手で…」

「ＩＴは若い社員に任せているから…」

こんなことを言っているオーナー経営者はいないだろうか？　まずは、苦手でも何でも触れてみることからだろう。21世紀のビジネスは、経営者トップ自身がその本質を理解していなければ成果が出ない。

難しい技術レベルの話ではなく、ＩＣＴがもたらす派生効果やマインドを肌感覚で知っておくべきである。

例えばＳＮＳなどのコミュニティは始めやすいのではないか。しかし、始めてみたはいいが、リードオンリーで自ら参加しないようでは本質を理解しにくいので、できる限り書き込んで参加することだ。そういうオープンなマインド、透明性も情報通信革命期における仕事の思想である。私は常々〝ソーシャルメディアリテラシー〟は21世紀の必須スキルだと主張している。ネット上で実際の自分をさらけ出しながら、コミュニティを育むスキルともいうべきだろうか。

また私は、１９９４年頃からインターネットの世界でコミュニティに参加している。当時はｆｊ（news group）や公開ＭＬ（メーリングリスト）であったが、その当時から顔の見えないネット上だからこその配慮が文面の隅々にまで表現できる、そんなコミュニティの中心人物がいたものだ。これは、今現在のFacebookなどの実名ＳＮＳでも変わらない。こういうネット上での振る舞いは、実際のビジネスにも大きく影響する必須スキルとなっている。そして、それが直接的にビジネスに成果を与えるだけではなく、自ら積極的に参加し、他者と交流し、自分をオープンに透明にさらけ出し、ソーシャルなコミュニティで交流できるという姿勢や適性は、間違いなく21世紀のすべてのリアルなビジネスにおいても必要とされる人材像である。

だからこそ、「ＩＴは苦手だ…」などと言わずに、まずはチャレンジすることである。普通の従業員であれば、好きとか嫌いとか、苦手とか得意とかに関係なく、明日から情報通信部に配属といわれたら何がなんでもやらなければならないわけだし、オーナー経営者が「苦手だから」と甘えていてもどうしようもない。

21世紀においてＩＣＴは、オーナー経営者にとって資金繰りがわかるというのと同じくらいに基礎的なスキルである。

ただし、例えばＳＮＳばかりにはまってしまって、絶対に執行しなければならない既存の仕事が疎かになるようでは本末転倒なので、何事もバランスが大事ではある。このように、まずは慣れること、そして本質的な思想を肌感覚で理解すること。これをしっかりやっていけば、10年もあれば事業にＩＣＴによる付加価値をもたらすくらいのことはできるはずである。そもそも、既存の枠組みでビジネスを推進してきた信頼と関係性と知見を有しているという、圧倒的なアドバンテージがあるのだから。

そして、20世紀型のビジネスの枠組みを変革することが必要である。既存の扱い商材をＥＣに乗せて販売手法を変えることもできるし、サプライチェーンにＩＣＴを導入することで、在庫負担を減らしコストを下げ、効率的な商取引により付加価値を享受することもできるだろう。ここでは既存の事業形態の中にある強みをいかにＩＣＴによって、更に強くできるかということが重要なので、既存事業の検証がまずは必要であることは言うまでもない。

情報通信産業は、21世紀の成長産業であり、既存の他業種に対してＩＣＴを用いて付加価値を誘発していることも事実である。社会がその方向に向かっているのであれば、それを理解して自社の強みをより強化することは経営定石である。社会の公器ならば、永続する事業体のために付加価値を上げ続けなければならない。それには、好きも嫌いも、苦手も得意も無い。

情報通信革命期には、市場が、社会がその方向に向かっているのだから、ＩＣＴで武装して強くなることは必須なのである。

ブログの渋谷

2009年7月28日

「〝情報革命〟…今更ながらに（笑）」

21世紀に入るかどうかって頃、頻繁に「情報革命」とか「インターネット革命」「IT革命」とかって言葉を口にしていたように思う。

ほぼ同義語でよいかと思っている根拠は、結局のところ情報処理技術の進化により革命とまで呼ばれるようになったわけではなく、インターネットによってそうなったと確信しているので、すべてはIPによって起こった革命期と言えるからだ。

振り返れば、18世紀欧州で起こった農業革命から、その後19世紀にかけて英国から起こった産業革命と、それらが起こった背景や、もたらしたもの及び連関性を鑑みれば、革命と呼べるだけのインパクトが十分に伺える。

これは単純に技術が進化したってレベルの話ではなく、思想・政治・生活・人口問題・格差など、あらゆる社会の在り方、そして人の生き様に影響を及ぼしているからだ。

で、今更ながらに情報革命の話。

ＩＰ技術により実現したことを思い返してみれば、よくわかるはず。

電子商取引・電子政府・電子投票・オークションサイト・価格比較サイト・ケータイネット・youtube・Google・ケータイ小説・ネット株取引・・・・・ここ20年でＩＰ技術を活用したメディアや仕組みが、もうほとんど生活に必須なアイテムとなっていることに気づく。

これらはすべてＩＰの技術仕様や思想、その成り立ちなどを根拠とした特性によって実現されている。

すなわち「オープン」「インタラクティブ」「フラット」「スピード」「曖昧」「グローバル」など。

これら特性をその技術根拠を含めてしっかりと理解していれば、情報革命時代を生き抜く術は自然と見えてくる。


私が初めてＩＰに触れたのは、１９９４～９５年。

まだWindows3.1やＤＯＳがＯＳで、Netscapeも無かった頃。

これは世界が変わるな！　と確信した。

この年の12月にWindows95が発売され、それからはアッという間に全世界に広がった。

そう考えれば、情報革命はまだ始まってからほんの15年程度。

過去の革命が1世紀以上続いたことを考えればまだ序章にしか過ぎず、この革命真っ只中における展開は自ずと答えが導き出せる。

22世紀の教科書には、間違いなくこの時代のことを情報革命と紹介されるだろう。

そんな中で、焦らずしっかりと基盤を作り上げながら、事業展開を図っていき、社会の在り方や人の生き様に安心・安全・利便をもたらし続け、革命期だからこそ実現できることにこだわり続けたい。

7. 最後は所有すら諦める

本章をあえてこの言葉で締めくくりたい。

〝所有すら諦める〟

私たちオーナー経営者は、社会の公器の経営を社会から委託されている存在であるが、オーナー経営者の強烈なトップダウンが必要なケースは必ずある。しかし、それだけで100年間続く組織を育み続けることは不可能である。特に21世紀においては。よって、所有と経営を分離するという考えは、理解していただけるだろう。私たちオーナー経営者の年齢の経過とともに後進に経営を任せていき、会社の統治が自然とバトンタッチされていくような体制である。しかしここでは、所有すらも諦める！　とあえて言う。

いや、今の日本では、個人保証の問題や金融機関との信頼感の問題など含め、現実的な話ではないかも知れないし、無責任な話に聞こえるかもしれない。それでも、会社は社会の公器であり、オーナー経営者はそのマネジメントを委託された公職であるわけなので、必要とあらば所有すらも諦めるほどの我欲を捨てきる発想が必要だということである。

「持つことの不自由、持たないことの自由」というキーワードも紹介したが、会社の所有についても同じことが言える場合もある。それなりに事業を成功させるオーナー経営者であれば、やはり我欲もあるだろうし、責任感の中から真摯に自分＝会社となっている場合が多いと思われる。それはとても大事な思想だし、それが無ければ恐らく事業を成長させることは難しい。

それでも、社会の公器である以上は、フェーズによって所有すら諦めなければならないこともあるということだ。しかも、場合によっては対価を求めること無く。

我欲を捨てて、その判断をすることも、オーナー経営者が一生かけた生き様として、公器をマネジメントすることの範囲なのだ。

現在のわが国の制度では、とても難しいことは重々承知している。

IPO？　MBO？　M&A？　持分会社化？　…難しいが手法はある。会社が社会の公器として永続するために、何がベストな選択かということだ。何度も言うが、会社は永続する社会の公器である。相続での事業承継時にトラブルなどで混乱を来し、会社の永続を脅かすなどは論外な話だ。私は正直言って、私が死亡した後、自分の親族が会社を所有する姿を想像できないし、家族にそういう訓練を行っていない。訓練も積まずにいきなり会社の所有者になるなんて、互いに不幸以外の何物でもない。

では、自分の子どもを入社させ、会社を継ぐための訓練を積んだうえで所有も経営も任せていくのか？　それはそれで一つの選択肢であり、望まれるべき形態ではあるが、それがすべてではないと私は考えている。

昨今は、親が経営する中小企業を継がない子息が増えていると聞く。そりゃ、そうだろう…。親が苦労して続けてきた20世紀型の事業が、今は無価値に思えても仕方ないのだから。また、継ぐといっても、言葉は悪いが子息が使い物にならないケースだってある。しかし、所有を継がせるという選択肢しか持っていなければ、他に手法がない。

お叱りを承知でいえば、結局「会社の所有を相続で自然と受け取ることができる」という、持つことが不自由なことになるわけで、それはすなわち努力を怠るということである。

私の知り合いの二代目、三代目社長の中には、その「所有を継いだ」ことに強い責任を感じて、並々ならぬ努力をし、事業にイノベーションをもたらした方もたくさんおられる。

しかし、残念ながら、努力を怠り、市場のシュリンクに同期して自然と会社の規模を縮小させ、「時代が変わってしまったし、自分の代で会社を整理してしまえばいい」と諦めを口にする方もいるし、たまたま会社は20世紀からのリソースで成り立っているが、それに胡坐《あぐら》をかいているだけで、自己保身ばかりの人がたくさんいるのも事実だ。

そう考えれば確率論的な話になるかもしれないが、子息に継ぐという選択肢しかないことは、社会の公器を永続させるという大儀に反する場合もある。わが国の法人企業数は、1991年に160万社あったが、2010年には145万社まで減少している。また、休眠会社も相当数増加していることを考えれば、現在の会社数はもっと減少しているのが実態である。大局的な意見で恐縮だが、人口減少＝内需のマイナス成長へという流れがあるのなら、人口を増やす努力は、社会保障の問題や超高齢化社会の課題を抜本的に解決するものである。

ところが、不安定な雇用状況や報酬の減少から将来を不安視して、子どもをつくろうというマインドが、ある側面では経済的理由で減衰している。よって、人口は増えず、消費も減り、市場がシュリンクしていく。わが国の労働者の70％が私たちオーナー経営の中小企業に雇用されていることを考えれば、私たちが付加価値を創出し、将来への不安を吹き消し、雇用と報酬を安定させることが、この国のためである！　と言い切ってもよいはずだ。

そういう社会の公器であるわけなので、場合によっては所有を諦め、適切に会社が永続するため、客観的な判断を行わなければならないのではないだろうか。そして、そういう思想を持ち込み、貫くことこそが、社会の公器のマネジメントを任かされた私たちが自らに課すイノベーションであると思っている。前の章でも述べたが、一度きりの人生、退路を断ってオーナー経営者としての生き様を貫きたい。

そのためには、最終的に社会の公器で永続するために、個人としての所有すら諦めるというイノベーションを常に心の奥底に持っておくべきと考えている。

第6章

生き様　そして志を貫く

1. 今なら間に合う！

現在、世界は20世紀型の価値観から情報通信革命期に入り、大きなパラダイムシフトが巻き起こり始めている。この流れはまだまだ入り口をくぐったばかりで、個人的にはこれから200年は革命期が続くと考えている。わが国においては内需マイナス成長、人口減、超高齢化社会へと、取り巻く環境が厳しくなっていくことは誰の目にも明らかである。そのような中で、私たちオーナー経営の中小企業は徐々にその数を減らしており、20世紀型の遺産だけで経営を継続させるのが難しくなってきている。しかし、私たちはこの難局を意志を持って乗り切らなければならない。それが公器である会社が果たす、社会における役割であり責任である。そして、その会社を預かりマネジメントするという高貴な大儀が生き様であると、すべてのオーナー経営者が考えるべきである。

そうすることが、私たちが大好きなこの地球に、この国に、この社会に貢献することであり、子供たちの未来に対する私たち世代の責務でもある。日々怠惰に暮らそうと思えば、現代はいくらでもそれを許してくれる。しかし、生き様＝志であるなら、それをどれだけ真摯に実践するかしかないはずだ。一度きりの人生、この世に生を授かったことの意味を知り、実直

に行動するのみである。そして、その過程を大いに楽しもう。それが人生を謳歌しているこ
とだと感じられることが大切だ。私もつい10年前までは、こんな気づきは持てていなかった。
しかし、事業の失敗も経験し、不惑を迎え、強く人生を考えることができた。今現在もまだ
まだで、納得感を持つには程遠い状況だが、きっとそういうものなのだろうと思う。だから
こそ社会の公器をマネジメントする大儀を担おうと思い、その過程で自らの成長をもって社
会に少しでも貢献したいと考え、さらに自己実現に向かうことを大いに楽しもうとしている。

これまで全く太刀打ちできなかった事業が少しリアリティを持って成長し始め、バカみ
たいな我欲に支配されていた自分が、少しだけ利他の気持ちを持てるようになってきた。

そう、10年もあればなんとか変われるものである。

何かをきっかけにどこかでスタートを切るしかない。異論はあると思うが、わが国を取
り巻く外部環境を見る限りでは、これからの10年が20世紀と決別する最後のチャンスでは
ないだろうか。２０５０年に生き残り、21世紀を歩むために、これからの10年がどれだけ
大切か。10年間諦めずにやれば、必ず何らかの成果は出るし、勝つまでやり続ければ決し
て負けることは無い。それを続けるためのモチベーションの源泉として、社会との連関性、
子供たちの世代にバトンを渡す強い意志を持たなければならないと感じている。そして、

それを生き様であり、志と呼べるところまで昇華させ、自らの内面にスポッと無理なく落ち着かせるような心のあり方が求められている。

私たちオーナー経営者は経営のプロである。

だが、本当にプロフェッショナルだと言い切れるくらい、経営のことを知っているだろうか。学問としての経営学でも、実務派での経営に関する知識や思想でも構わないが、本当に極めているといえるだろうか。会社とそのお取引の範囲という、閉じた世界の中で、オーナー経営者を叱咤できる人間は少ないだろう。オーナー経営者は、常に自らを律してプロフェッショナルになる努力を怠ってはいけないのだが、本当に社会の公器をマネジメントするという大儀を感じて、努力をしているだろうか。失礼を承知でいえば、創業者であろうが、二代目、三代目であろうが、オーナー経営者のほとんどが凡人だと思う（もちろん私も含めて）。天才なんてひとかけら。そんな人たちはとうの昔に結果を出すか、破綻するかしているはず。私たち凡人においては、「成果＝努力×時間」以外には絶対無い。運も「努力×時間」のお陰でもたらされるものだ。もちろん、進むべき道や手法を間違えたら努力は無駄になるが、それを知る努力も含めて、やはり「努力×時間」である。労働基準法に束縛されない私たちが、誰よりも一番働き、誰よりも一番事業を気にして、誰よりも一番従業員のことを考えていなければならない。ここには言い訳も何も無い。やった時間は絶対に嘘をつかない。モチベーションの源泉を持ち、「努力×時間」を怠らず、付加価値の要素などを考え尽くせば、凡人であっても今の日本なら間違いなく10年あれば成果を出せるはずである。急速に変化を遂げているこの革命期を乗り切るという、極めてチャレンジングな時代に生きていること自体、幸運なことである。年齢は関係無いと言いながら、一般的には体力も忍耐力も年齢を経るに従って衰えを見せるだろうから、こういう気づきは若いうちに持てるなら絶対に早いほうが良い。また創業しようと思っている人は、20才代〜30才代前半での起業をお薦めする。

アントレプレナーシップは、間違いなくチャレンジングで自己実現を可能とする人生をもたらしてくれるはずだ。

本書ではあまり触れなかったが、もちろんグローバルに展開するような事業にも、ぜひチャレンジしてほしい。ただし、国内であれ海外であれ、結局自力と強さが必要で、すべては原理原則通りである。力と強さとは付加価値なので、それを強化し続ける以外に生き残れる道は無いことは、いずれにせよ明らかなのだ。

2. 人生一度きり！

20世紀、私は散々痛い目にあってきた。

なぜ、この国の仕事の秩序は、こんなにも理不尽なのかと声を上げてきたが、その都度、「生意気だ！」「世の中の理屈がわかっていない！」と先輩方や取引先、そして父親からも罵倒された。どうすればそれを変えられるのか？　どうすれば理論でも行動でも覆すことができるのか？　その解を持ち合わせずに、声だけを上げていたのは、人生の先輩方には単なる文句と聞こえていただろう。

そして実際の話、それは文句であった。

自らの行動が伴っていなかったから。自らの思考が薄っぺらで上っ面だったから…

何より、自分の一度きりの人生に責任と覚悟を持っていなかったからに他ならない。なので、痛い目にあって当然。だけど、世の中は20世紀終盤の理不尽な秩序を少しずつ押し流しながら、情報通信革命へと進んでいく。そういう大きく価値が転倒する革命期に生かされたことは本当に幸せなことだ。古いものが間違っているとは言わない。しかし、普通の原理原則論として、もっといえばもともと日本人に根づいていた価値観に照らしても、

20世紀終盤の理不尽な秩序は異常だったと思っている。

情報通信革命は、そんな秩序をも取り戻すソーシャルな効果がある。私自身も、この10年間で少しは気づきを持つことができたが、その過程では情報取得、ソーシャルな結びつき、インターネットの仕様、思想をもたらす意味などから大きな影響を受けている。

まずは、生き様であり、志だ！

人生一度きり！　それがこんなにもエキサイティングな時代に生かされていることに感謝し、またオーナー経営者であれば、社会の公器をマネジメントするという大儀を生き様とできることに、大きな喜びを持つべきだ。それで成果が出せれば、この社会に貢献することができ、次の世代へバトンを託すこともできる。


今一度、志を持って立ち向かいたい！


すべての原点はここにある。

志があるからこそ、責任感を感じることができる。

志があるからこそ、自責意識を持て、利他の心が育まれる。

自責意識を持てるから成長できる。

成長できるからイノベーションを生み出すことが可能となる。

イノベーションを生み出すことが社会のためになる。

私は自分の生まれてきた意味をここに集約したいと思っている。

すべては社会に意味のあることを成すために、生き様を貫こうとする強い覚悟があるかどうかなのだ。

ブログの渋谷

2010年12月25日

「あきらめない!」

アジアやドイツを始め、世界には絶好調な国々がたくさんある。

しかしわが国の内側だけを見ていると、悲壮感ばかり…

中小の経営者は諦め、逃げ切りと自分を守るのに精一杯。

わが国の中小企業で法人税を払わなくてよい、いわゆる欠損金を持った会社の数が70％を超えているという記事には笑えた^^;

もう実際には格差だらけで、〝最小不幸社会〟なんて言った現政権のバカさ加減は、もはや救いようもない。

一人当たりGDPは確実にマイナス傾向。

こんな国に居ながら、私たちはどう振る舞うべきなのか？

まずは「あきらめない！」

こんな時代だからこそ、顔を上げて笑顔で前向きに！

この国のバカさ加減の責にしていても、何も変わらない。


このタイミングの日本に生まれたことも自責である。

そのうえでどういう舵取りをするのか？

まずは徹底した強みの醸成。選択と集中！

そして、日本という枠組みに捕らわれないこと。

しかし「中国に出なければならない。そうしなければ生きていけない」なんて中小製造業的発想ではダメ。

「これだけ強いものがあるんだから、絶対に海外でも展開できる！　相手が欲しがるから出て行ってやろうか」くらいのほうがよい（笑）

まぁ今の当社はまだまだそんな強さは持ってないけど…^^;

でも、あきらめない！

って言うか、諦めるとか、諦めないとかっていうレベルの話でもない。

そもそも諦めるなんて選択肢はなくって、仕事＝人生なんだから、諦めた時点で人生終わり。

人より能力低いなら、せめて覚悟では負けてはいけない。

その覚悟からくる自信ほど絶対的なものはない。

人生懸けてんだから、なんだってできるね。

なので、肩の力を抜いて笑顔でフツーに「あきらめない！」

ブログの渋谷

2011年8月12日

「ひたむきさ、誠実さ…ただひたすらに」

何がどうであっても、ひたむきな誠実さが仕事のセンスの中で一番重要だ。

どれだけ能力があっても、どれだけロジックが優れていても、結局誠実さを欠いていては、良い仕事にならない。

そう、何かを成すために、どのようにするのか？　ではない。

どういう思想だから、何かを成すのである。

仕事とは思想でするもの。

その思想の原点にあるのが、このひたむきさ、誠実さ。

しかし、事業においてはこの原点を見失いそうになることが多い。

人間は弱いものなので、特に組織上位者ほど、自らを律してなければ甘えが出てしまう。

どれだけ、自分の仕事の思想を、毛細血管にまで行き渡らせ、強い軸とできるかだ。

仕事においてエゴ、利己、他責、低次元の欲求…そんなものを打ち砕き、いつでもひたむきな誠実さを原点において、思想を具現化するかのみ。


それが仕事で成果を出す唯一の方法だと思う。

いくら口ではいいことを言ってても、上っ面だけの偽物は、この思想の強さが足らないのだ。

いつも自問自答し、自らを奮い立たせ、信じる道を一生をかけて進みたい。

この気持ちだけは、死ぬまで失うまい！

死ぬ寸前まで成長し続けたい！

■著者略歴

渋谷　順（しぶや　じゅん）

1963年大阪府生まれ
高校卒業後、会社員、フリーターなどを経て、1987年から父親が経営する町工場で勤務。
三代目経営者として、その後モバイル関連事業、インターネット関連事業などの立ち上げなど、アントレプレナーとして事業開発を推進。
過去20年で、町工場から情報通信サービス事業へと事業領域の転換を図り、成長事業へと歩みを進めている。
現在、株式会社スマートバリュー　代表取締役社長
大阪経済大学大学院経営学研究科在学中

2012年11月30日　初版　第一刷発行

経営を引き受ける覚悟

著　者　©渋　谷　　順
発行者　　脇　坂　康　弘

発行所　株式会社 同友館
〒113-0033 東京都文京区本郷3-38-1
本郷イシワタビル3F
TEL 03(3813)3966　FAX 03(3818)2774
http://www.doyukan.co.jp/

乱丁・落丁はお取り替えいたします
ISBN 978-4-496-04924-8
●印刷　萩原印刷　●製本　松村製本所
Printed in Japan